日本深度游

PREMIUM

[日]TAC出版编辑部 编　费晓东 译

おとな旅プレミアム　沖縄

冲绳

U0827640

人民东方出版传媒
People's Oriental Publishing & Media
東方出版社
The Oriental Press

冲绳本岛
おきなわほんとう
0 4 8km
1 : 380,000
N
久米岛
くめじま
久米岛机场
久米岛町
くめじまちょう
オーハ島
はての浜
渡名喜島・那覇
庆良间诸岛
けらましょとう
座间味村鲸鱼观赏协会 P59
庆良间独木舟中心 P53
ざまみそん
座間味村
座間味島
屋嘉比島
嘉比島
安室島
阿嘉島
儀志布島
黒島
ハテ島
中島
前島
城島
渡嘉敷島
とかしきそん
渡嘉敷村
久場島
慶留間島
慶良間空港
外地島
奥武島
ウン島
那覇
伊是名島・伊平屋島
边户岬 P.21/P.114
茅打BANTA P.20/P.114
辺野喜川
くにがみそん
国頭村
安田ヶ島
与那覇岳
普久川
安波川
福上湖
おおぎみそん
大宜味村
塩屋湾
ひがしそん
東村
福地川
冲绳美丽海水族馆 P.44/P.112
伊江島空港
城山
今归仁城迹 P.89/P.113
古宇利岛 P.113
海洋博公园 P50
なきじんそん
今帰仁村
本部富士
乙羽岳
屋我地島
もとぶちょう
本部町
本部半島
羽地内海
水纳岛 P.112
濑底岛 P.112
八重岳
嘉津宇岳
なごし
名護市
奥武島
名护菠萝园
P.112
多野岳
源河大川
名護岳
Orion Happy Park
名護湾
P.142

沖縄島
万座毛 P.18/P.105
恩納村
恩納岳
宜野座村
宜野座IC
金武町
金武IC
屋嘉IC
石川IC
億首川
金武湾港
金武湾
残波岬公园 P.21/P.104
陶器之都 P.104/P.152
沖縄自動車道
読谷村
うるま市
沖縄市
沖縄北IC
天願川
伊计岛 P.111
宮城島
平安座島
海中道路 P21
嘉手納町
嘉手納飛行場
比謝川
沖縄南IC
胜连城迹 P89/P.110
藪地島
浜比嘉岛 P.111
浮原島
北谷町
宜野湾市
北中城IC
北中城村
冲绳本岛中部 附录P.6-7
首里城公园/首里城迹 P.82/P.89
普天間飛行場
中城湾
浦添市
西原IC
中城村
津堅島
那覇港
那覇市
国場川
西原Jct
西原町
那覇IC
与那原町
那覇空港
南風原町
NIRAI桥·KANAI桥 P.20/P.100
知念岬公园 P.19/P.101
瀬長島
那覇空港自動車道
豊見城市
久高岛 P97
南城市
KOMAKA P57
八重瀬町
冲绳世界文化王国·玉泉洞
P.100/P.102
奥武島
糸満市
平和祈念公园 P98/P.100
姫百合塔·姫百合和平纪念资料馆 P98
喜屋武岬
冲绳本岛南部 附录P.10
粟国島·久米島
座間味島·渡嘉敷島
伊平屋島
伊是名島
伊江島
名护市
粟国岛
冲绳岛
渡名喜島
久米島
NAGANNU岛 P56
座間味島
那覇市
渡嘉敷島
糸満市
慶良間列島
冲绳本岛周围的群岛
おきなわほんとうしゅうへんのしまじまのいち
0 15 30km
1:1,500,000
N

Okinawa

PREMIUM travel

冲绳之旅

蓝天碧海，美不胜收
乐园之光，璀璨夺目

这里有一望无际的碧蓝色大海、五颜六色的南国花草。
这里还有郁郁葱葱的森林、耀眼夺目的阳光。在这里见到的人、物、风景都让人流连忘返。

连接古宇利岛与屋我地岛的古宇利大桥雄伟壮观，桥长1960m。
在这里能够感受到犹如飞驰在海上的那种酣畅淋漓(p.19)。

4

5

6

1 隆起的珊瑚形成了一个高约20m的绝壁，被称为万座毛。这里因日落时的美景而闻名。(p.18/ p.105) 2 首里城正殿，这个建筑采用色彩鲜艳的红色装点。宫殿遗址被认定为世界文化遗产。(p.82) 3 今归仁城迹，相传城堡本身始建于13世纪，位于海拔100m处，作为冲绳山原地区的要塞而闻名。(p.89) 4 福木林，作为防护林至今还发挥着重要作用。在位于本部半岛的备濑地区，仍有很多福木林，它们包围着整个村落，就像侍卫一样保卫着冲绳古老的面貌。(p.112) 5 冲绳美丽海水族馆（美ら海水族館：Churaumi Aquarium），无论是对大人还是孩子来说这里都有极高的人气。(p.44) 6 这是一条从冲绳本岛通往平安座岛、宫城岛、伊计岛的海上之路。(p.110)

冲绳 漫步·观光

这里有能够让人敞开心扉的美景

在有着独特自然与文化的冲绳，你所看到的景色都是那么的新鲜，让人终生难忘。

无论是宫廷料理还是家庭料理，冲绳的饮食文化都有其独特之处，饮食种类丰富多彩。“二战”结束后，随着美国文化的传入，冲绳的饮食文化也受到了一定的影响，如今汉堡、牛排、墨西哥煎玉米粉卷（tacos）、墨西哥风味米饭（tocas rice）等也都成了当地的特色饮食。另外，清凉爽口的甜点也是冲绳必点美食，不容错过（P.115）。

冲绳 美食·购物

除了美妙的舌尖体验，还有岛民精心制作的手工艺品

冲绳的饮食、冲绳的手工艺品
朴实中蕴含着工匠们的独特匠心。

在冲绳，精美的传统工艺代代相承，这里除了陶瓷器，还有玻璃工艺品、采用传统染布工艺的各种纺织品等（P.151）。

冲绳 魅力体验

亲身体验亚热带的森林与大海

这里有尚未经过人工改造的冲绳山原地带的森林，大海中有美丽的珊瑚礁，在这里可以尽情享受室外活动给人带来的赏心悦目之感。

上图　在这里可以尽情享受亚热带森林探险之旅，通往比地大瀑布的巡回山麓游览。沿着步行道漫步，欣赏道路两边风景，也别有一番滋味。(p.66)

下图　庆良间诸岛有冲绳最漂亮的大海，在这里可以体验在海中划皮艇和潜水运动。(P.52)

日本深度游 PREMIUM

冲绳

Contents

特别篇

游玩

漫步 · 观光

美食

冲绳美食

甜点&咖啡

购物

本书使用说明

● 本书中的各项数据都是2018年3~4月的统计情况。各景点的门票、营业时间、休息日、饮食店的菜单以及各商品的详细内容等，根据实际情况可能发生变化，请在出游前进行信息的确认。

● 旅途过程中，如果与本书中介绍的商店、饮食店等发生个人冲突，出版社将不负任何责任，请提前知晓。

● 营业时间、开馆时间是指各店铺实际可利用的时间。如果有最后点餐时间(LO)或者最后入馆时间的话，我们在书中有特别标注。

● 关于各店铺的休息日，本书中只标注了各店铺制定的每周定期休息日。其他日期虽然没有标注，但是在年始年末、黄金周、夏季、盂兰盆节、安全检查日等也有休息的时候，请知晓。

● 本书中出现的所有费用都包含消费税，但是随着时节不同价格可能有所浮动，请注意提前查询最新信息。另外，关于门票费用，如果没有特别说明的话，一般是指成人门票。

● 书中的各饮食店的预算，可供您制订计划时的参考。书中我们对早餐使用B进行标记，午餐使用L进行标记，晚餐使用D进行标记。

● 关于住宿费，我们标记有“1晚2餐”“1晚早餐”“只住宿无餐食”等字样，如无特别说明都是指1个房间入住2人情况下1个人所需费用。根据星期和季节的不同价格可能有所浮动，请提前查询最新信息。

● 交通线路所需时间，是指从最近一个车站出发时所需时间，仅供读者制作旅行计划时做参考之用。

● 关于停车场的信息，我们标注了相关景区是否有自己的停车场。

● 书中所有照片都是我们采访当初拍摄的，书中照片中的料理、商品等，有可能已经下架，请提前知晓。

● 关于各店铺的预约，我们分别标注了“要”（需要提前预约）、“望”（希望最好提前预约）、“可”（可提前预约）、“不可”（不接受预约），根据星期和具体的时间段有可能发生变化，请直接与相关店铺进行确认。

各种符号含义

☎ 电话号码	所 地址
开 开馆时间	营 营业时间
休 定期休息日	交 交通
P 停车场	室 客房数量
in 入住时间	out 退房时间

地图符号含义

★ 景点	H 住宿
卍 寺院	i 游客服务中心
⛩ 神社	服务区
✝ 教堂	沙滩
R 餐饮店	公交站
C 咖啡·甜品店	机场
S 商店	
SC 购物中心	

精选 深度游方案

融自然和文化于一体的舒适南国岛屿之旅

尽情享受富有独特自然与历史色彩的冲绳魅力。

⬆这里有冲绳本岛最大规模的美洲红树林，延绵于庆佐次川旁，可乘川上皮艇逆流而上，感受大自然的美景

驾车出行 尽享室外深度游的PLAN

冲绳充满生机的大自然与人气观光地

岛上的森林和大海都散发着迷人的光彩。租上一辆车尽情享受飞驰的一天。

7:30 西海岸度假区 出发

约1小时10分钟 到达万座海滩。到达月亮海滩（ムーンビーチ，MOON BEACH）大约需要1小时20分钟。从那霸出发的话，途经冲绳自动车道大约需要1小时40分钟。从许田IC到山原自然塾大约27km，需要50分钟车程。

9:00 感受山原地区森林的魅力

不仅是大海，在这里你还能感受到冲绳那无与伦比的大自然之美

山原自然塾 划皮艇欣赏庆佐次川美洲红树林

やんばるしぜんじゅく げさしがわマングローブカヌー

➡P.64

山原自然塾筹划举办的自然之旅。可划着皮艇欣赏延绵于冲绳本岛北部和庆佐次川河口的美洲红树林，探险大自然。

大约45分钟 到达古宇利海洋塔大约需要45分钟，约24km。

13:30

在羽地内海周边群岛上探险

飞驰在连接岛和岛的大桥之上，眼前美景独一无二

古宇利大桥 ➡P.19

连接屋我地岛和古宇利岛的古宇利大桥是自驾游的人气之选。岛内有环绕古宇利岛的大海，以及古宇利海洋塔（需门票），登上海洋塔可将古宇利大桥一览无余。

WARUMI大桥

今归仁 MAP 附录 P.5 F-2

大桥于2010年建成完工，连接着屋我地岛与今归仁村。左图是从Warumi大桥（ワルミ大橋）上看到的景观，在这里还可以远望古宇利大桥。

大约30分钟　驶过古宇利大桥、Warumi大桥，沿着国道5050号一直向西行驶。约20km。

14:40

欣赏保留有古时风貌的冲绳村落

行走在被防护林环绕着的悠闲宁静的村落里

备濑福木林 ➡P.112

福木林环绕村落，延绵不绝。可以步行，或者租一辆自行车，或者乘坐水牛车漫步福木林丛。

约5分钟　大约2km。

15:30

冲绳最后人气的观光地非此地莫属

巨大的玻璃水槽让人瞠目结舌。无论来几次都会让你流连忘返的水族馆。

大约1小时10分钟　距离万座海滩附近所需时间。经由国道449号-58。

20:00　**西海岸度假区** 返回

有关出行计划的几点建议

庆佐次川的皮划艇组团项目的开始时间，会受到落潮和满潮的影响，有时候可能只有下午才有团出发。因此，请一定事先通过指定网页进行预约确认。根据成团时间对出行计划做合理安排，例如将冲绳美丽海水族馆的行程安排到上午，不影响到整天的行程安排。美丽海水族馆是冲绳最有人气的观光地，长年访客众多，只有每天刚开馆的时间段和傍晚的时间段游客较少，想避开人群，慢慢游览的话，建议在这两个时间段前往参观。

美食计划

近年来，古宇利岛成了自驾游的人气之选，因此岛上的咖啡店和各种饮食店也逐渐多了起来。古宇利岛的特别推荐是海鲜盖饭。傍晚，当回到名护附近或者酒店之后，可点一碗海鲜盖饭，缓解一天的疲劳。

↑在古宇利岛必点的海鲜盖饭

冲绳美丽海水族馆 ➡P.44

下午4点以后入馆的话，可购买“4点门票”享受打折优惠。可以在欣赏完Okichan剧场（オキちゃん劇場）的海豚表演秀之后，再进入水族馆。

驾车出行 感受历史和文化的深度游方案

置身冲绳原始美景中，感受古老之美

驾车环绕本岛南部。感受悲伤的战争历史，体验琉球王国的兴衰荣辱。

冲绳世界文化王国·玉泉洞，镶嵌在绿色丛林中的红瓦屋顶显得格外漂亮

建在首里城公园的守礼门

8:30 **那霸市区** 出发

大约25分钟 从那霸市中心出发经由国道331号大约17km。从姬百合塔到和平祈念公园大约4km，5分钟。

9:00 到访冲绳战争遗迹，祈祷世界和平

1945年，这里曾是陆地战的激战区

姬百合塔·姬百合和平祈念资料馆

➡P.98

这里有悼念在冲绳战中遇难的姬百合学徒的纪念碑，并开设了资料馆。

平和祈念公园

➡P.98

公园坐落于冲绳战的终结之地，到访战争遗迹，心中再次感受和平的重要性。

大约15分钟 经由国道331号·507号大约9km。

11:00 感受琉球文化的魅力

鉴赏传统艺能，体验传统工艺

冲绳世界文化王国·玉泉洞 ➡P.102

在"琉球王国城下町"，可以一边散步一边欣赏古时冲绳的街景，体验传统工艺。另外，传统的Eisa（エイサー）舞蹈、日本国内最大规模的钟乳洞·玉泉洞也是不容错过的名胜。

大约30分钟 经由县道48号·85号，到达NIRAI桥·KANAI桥大约25分钟，再花5分钟就可到达知念岬公园。

14:30

从大桥上、岬角上放眼望去，美景尽收眼底

面向东方，眼前一片阔，眼前的美景让人神清气爽

NIRAI桥·Kanai桥 ➡P.100

驾车从大弧度弯曲的桥上通过，可尽情享受太平洋的巨大全景立体画面。

知念岬公园 ➡P.101

公园坐落于知念半岛最顶端，站在这里可以眺望久高岛(P.97)和Komaka岛(P.57)。

大约3分钟　距离齐场御岳停车场约800m。

15:00

前往可眺望“神之岛”久高岛的圣地

传说众神居住于此，这里是庄严神圣的灵验之地，拜访之时要抱有一颗虔诚之心

齐场御岳 ➡P.96

这里被认定为世界遗产，是冲绳最为神圣的圣地。可参加全程大约50分钟的跟团游。

大约30分钟　从齐场御嶽经由国道331号前往识名园，大约20km。从识名园经由县道82号前往首里城公园，大约3km，10分钟。

16:30

可以感受琉球王国昔日风貌的历史遗迹

首里城整个建筑采用鲜艳亮丽的朱红色，是冲绳观光不可或缺的一站

识名园 ➡P.91

琉球王国最大的府邸。册封使的接待等也大都在此地举行。

首里城公园 ➡P.82

这里是琉球王国的中心。全程游览大约需要2小时。

大约10分钟　距离那霸市中心大约4km。

19:20　**那霸市区** 返回

行程建议

和平祈念公园可跟团游览，但是跟团游必须提前预约。在冲绳世界文化王国·玉泉洞附近，有大型亚热带森林“Gangala谷”（ガンガラーの谷）(P.97)，在这里可以感受到太古世界的魅力。Gangala谷也可跟团游览（必须提前预约）。当太阳升到大海的正上方时，从NIRAI桥·KANAI桥上放眼望去，可以非常清晰地看到湛蓝色的大海。齐场御岳每年有两次集中休息日（旧历的5月1日~3日，10月1日~3日※每年根据实际月历有所变动）。请根据上述日期自行查阅新历日期，以免耽误您的行程。

美食计划

冲绳世界文化王国·玉泉洞里有餐厅。另外，在本岛南部还有多处可眺望美景的咖啡店(P.146~)。晴天的话，可选择在这样的咖啡店就餐，一边欣赏风景一边享受美食。晚饭，可在那霸市内的餐饮店享用，一边回味山原地区的风景一边享受琉球料理的美味(P.120)。

↑“乡土料理琉音”(P.120)的琉球料理套餐

旅行日历

根据旅游时期的不同，可以欣赏到应季的花卉以及各种例行活动。

1月
虽然气温很少会降到10℃以下，但是这个季节北风较强，体感温度较低

2月
一年中最冷的季节，也是观赏鲸鱼的最盛时期

3月
天气变暖，冲绳各地陆续开海

气温 · 降水量

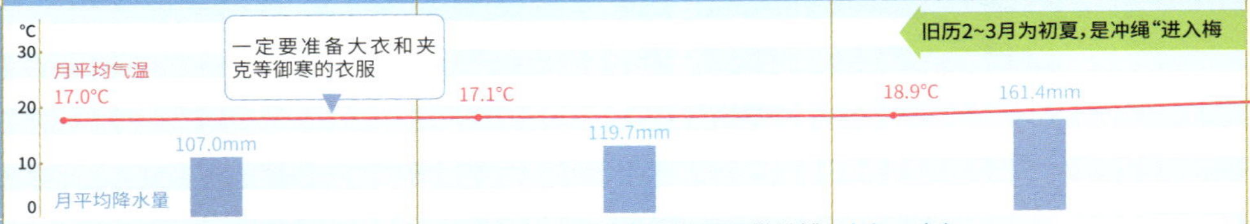

节日 · 活动

1~3日 首里城公园"新春之宴"
在首里城（P.82）正殿前御庭再现琉球王国时代的正月仪式。上演琉球舞蹈以及各地民俗文艺节目。

下旬~2月上旬 本部八重岳樱花节
从八重岳入口至山顶，可欣赏沿途开满的绯寒樱之美。在八重岳半山腰的公园，还有各种表演活动。

上旬（或者1月下旬） 冲绳国际洋兰博览会
日本国内最大规模的兰花展览庆典。兰花展在冲绳美丽海水族馆所在地海洋博公园（P.50）里的热带梦想中心举行。

上旬~中旬 东村杜鹃节
本岛北部和东村的村民在杜鹃园内举行的花展。这里可以欣赏到红色、粉色、白色等五颜六色的杜鹃花

花卉 · 应季食材

绯寒樱（1~2月）

冲绳岛胡萝卜（11~2月）

海蕴（3~6月）

7月
气温超过30℃，进入盛夏时节。尽情享受大海休闲项目

8月
冲绳旅游的最热时期，同时也是台风多发季

9月
到了下半月气温终于开始下降，随时关注大型台风的影响

气温 · 降水量

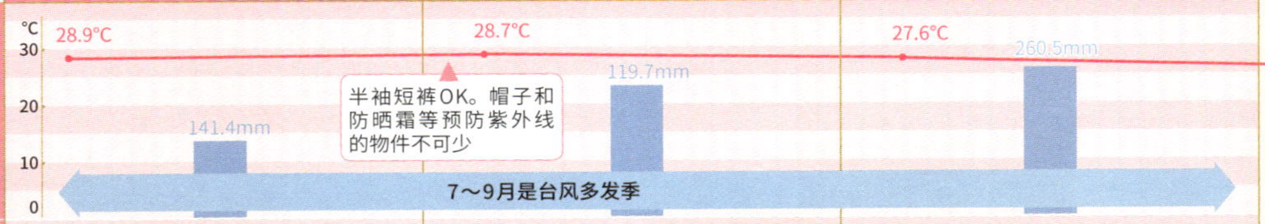

节日 · 活动

14日 和平友爱爵士音乐节
在冲绳市 · KOZA举行的、历史悠久的爵士音乐节。

中旬 海洋博公园夏季狂欢节

31日~9月2日 冲绳全岛Eisa节
本岛各地选拔青年代表团前往KOZA，集体表演传统舞蹈Eisa。这里是岛内最大规模的Eisa节

22、23日 首里城公园"中秋之宴"
再现招待中国使节"册封使"的宴会。在朦胧的月光下，在首里城（P.82）正殿前上演古典舞蹈。

24日 系满拔河大赛
冲绳三大拔河比赛（另外两个：那霸、与那原）之一。制作大绳和庆祝游行后，举行拔河大赛。

花卉 · 应季食材

菠萝（6~7月）

杧果（6~8月）

火龙果（8~9月）

冲绳虽说是南国地区，但也会有寒冷的季节。
根据不同时期提前确认天气状况，准备好必要的衣物。
各个节日以及海滩可游泳时间等也需提前确认。

4月 初夏时节。气候稳定，非常适合旅游

5月 气候变暖，但水温仍然较低。“五一”黄金周后就进入梅雨

6月 中旬~下旬梅雨结束，进入盛夏时节，光照变强

气温・降水量

雨前”的一年中最舒服的季节

5月10日前后～6月20日前后进入梅雨季节

月份	气温	降水量
4月	21.4°C	165.7mm
5月	24.0°C	231.6mm
6月	26.8°C	247.2mm

白天T恤即可，晚上天气转凉最好准备一件薄的外套。

节日・活动

19～22日
冲绳全岛最盛大的节日（冲绳国际电影节）
那霸市、宜野湾市、北谷町、浦添市、冲绳市、丰见城市，以及冲绳县内各地都会举行电影放映活动。

3～5日 冲绳Hari
祈求渔业丰收和出海平安的祭祀节日。3日和5日有爬龙船竞赛，4日可免费体验乘船。这期间每天都有火花大会。

17日 系满Hare
系满每年例行活动。可以观赏壮丽的Hare竞赛。另外，将鸭子放入大海举行捕鸭大赛也相当激烈。

23日 冲绳全战死难者追悼仪式
悼念死难者、祈求世界永久和平。仪式当天和前一天会举行点灯活动，使用探照灯照射天空，意为“和平光柱”。

花卉・应季食材

梯梧（4～5月）

凤梨（6～7月）

杧果（6～8月）

10月 台风变少，气候稳定，仍能下海游泳

11月 气候稳定，早晚变凉，几乎所有海滩禁止游泳

12月 白天变短，冬天来临。到年末前旅游费用较低

气温・降水量

月份	气温	降水量
10月	25.2°C	152.9mm
11月	22.1°C	110.2mm
12月	18.7°C	102.8mm

白天暖和，早晚较凉需穿外套

节日・活动

6～8日
那霸“大纲挽”节
第二天的“大纲挽”节是冲绳最大的文化活动。活动中使用的大绳全长200m，被吉尼斯认定为“世界最大草绳”。每年有超过27万人参加，是名副其实的盛会。

下旬 冲绳国际嘉年华
在Koza gate大街（机场大街）周边举行。可以欣赏到“国际大纲挽”的盛况，以及市民们参加的“CARNIVAL PARADE”。

23～25日 壶屋陶器展
那霸壶屋（P.154）的小学校内，聚集了冲绳县内的陶器作坊，届时将展出各种陶瓷器，并以便宜价格出售，还将举行陶器匠人们参加的陶器制作大赛。

2日
NAHA马拉松
日本国内最大规模的市民马拉松大赛。大赛线路贯穿包括那霸市在内的本岛南部5个市町，全长42.195km。有很多来自县外的参赛者参加大赛。

花卉・应季食材

四角豆（9～11月）

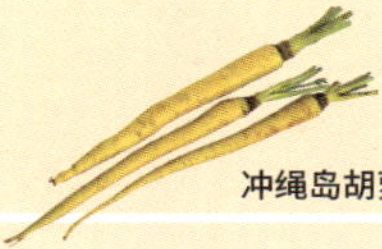

冲绳岛胡萝卜（11～2月）

※书中记载的节日・活动的举行日期是2018年4月~2019年3月的信息。※临时更换场地、日期以及活动停办的事情时有发生，请在出行前在HP进行确认。

永远无法忘怀的美景

冲绳
美景精选

这里有清澈透明的蔚蓝大海、应季鲜花。
我们精选冲绳引以为豪的美景胜地，详细介绍给您。
开车飞驰在这些名胜之地，感受海风的柔和，
尽享大自然创造的美景。

琉球王曾经赞不绝口的冲绳首屈一指的美景胜地

万座毛 ➡P.105

据记载，琉球王朝时代尚敬王曾说“此地值得万人聚集观赏”，对这里的美景赞不绝口。隆起的珊瑚断崖上，不断有白色海浪拍打过来，碧海蓝天与大自然的绿色草地浑然一体，这里的美景着实让人流连忘返。

恩纳 MAP 附录 P.9 D-2

交 距离屋嘉 IC 约7km。

通往“恋爱之岛”冲绳本岛最长大桥

古宇利大桥

横跨海面的一座笔直的大桥，全长约2km。海底珊瑚礁绵延，美丽的青蓝色海水色调若深若浅，美不胜收。古宇利岛上流传着美丽的恋爱传说，“心形岩石”也吸引着众多来客。

今归仁 MAP 附录 P.5 F-2

交 距离许田 IC 约22km。

治愈每位到访者的心灵展现浩瀚大海魅力的一幅天然全景立体画

知念岬公园 ➡P.101

公园位于南城市的高地之上，放眼望去，神之岛、久高岛以及Komaka岛等映入眼帘，一幅太平洋立体画尽收眼底。这里建有步行道和凉亭，是散步的好去处。

南城 MAP 附录 P.10 C-3

交 距离南风原南 IC 约16km。

宛如通往大海彼岸的一条悬空美景之路

NIRAI桥·KANAI桥

➡P.100

NIRAI KANAI一词，在冲绳方言中的意思是“大海彼岸的理想故乡”。两座大桥连接了高低差约为80m的断崖之地，且形成一个很大的弧形，是冲绳本岛南部自驾游的胜地。

南城 MAP 附录P.10 C-3

🚗距离南风原北IC约15km。

大自然中的山原地区美景

茅打BANTA

➡P.114

位于国头村宜名真地区的风景名胜地。BANTA一词在冲绳方言中有“断崖”的意思。这里耸立着高约80m的断崖，面向东海，甚是壮观。从展望台上放眼望去，美景尽收眼底。

国头 MAP 附录P.3 E-1

🚗距离许田IC约52km。

探访传说与美景之地轻松畅游离岛

浜比嘉大桥

经由连接冲绳本岛与平安座岛的海上道路，跨过滨比嘉大桥，便可登上传说中众神居住的滨比嘉岛。岛上有古时风貌的村落以及多处参拜之地。

Uruma（珊瑚岛） MAP 附录P.7 D-4

🚗距离冲绳北IC约18km。

大自然孕育出的
生气勃勃的景观

残波岬公园 ➡P.104

海中隆起的珊瑚形成了高约30m的断崖，绵延2km。碧蓝的大海与白色的灯塔形成一体，美不胜收。海角一带被划为冲绳海岸国定公园的一部分。

读谷 MAP 附录P.8 A-3
距离石川IC约14km。

眺望奄美诸岛
本岛最北端的海角

边户岬 ➡P.114

面向太平洋与东海的冲绳本岛最北端的海角。这里有伊是名岛、伊平屋岛，天气晴朗时还可眺望与论岛和冲永良部岛。

国头 MAP 附录P.3 F-1
距离许田IC约55km。

横跨大海
神清气爽的自驾游

海中道路 ➡P.110

一条连接冲绳本岛与平安座岛的全长4.7km的海上之路。驾车奔驰于这条海上之路，可以欣赏到周围美丽的海景，尽享离岛自驾游的乐趣。沿途车站设施完备，还修建有路边公园。

Uruma MAP 附录P.7 D-4
距离冲绳北IC约12km。

在鲜艳亮丽的粉红色
樱花隧道中赏花

八重岳樱

这里是日本最早开花而闻名的绯寒樱风景名胜之地。从1月中旬到2月上旬，有超过7000棵的樱花树竞相开放，到处都是鲜艳亮丽的粉红世界。这个时节，将会举办各式各样的庆祝活动。

本部 MAP 附录P.5 D-3
0980-47-3641（本部町观光协会）
距离许田IC约19km。

蔚蓝色大海让人心旷神怡
美丽沙滩精选

蓝色大海与白色海滩融为一体，
欣赏着这乐园般的美景度过一段全身心放松的时光。
喜欢户外运动的人还可尽享海上项目的刺激。

本岛北部

冲绳美丽海水族馆周边
精选海滩 ABCDE

在美景中享受海水浴

翡翠海滩 C

海洋博公园

本部 MAP 附录P.4 C-2

眺望伊江岛，眼前一望无际的广阔美景，尽显大海魅力。

☎0980-48-2741（海洋博公园管理中心）
所 本部町备濑 交 距离许田IC约28km。
P 有（可使用海洋博公园停车场）
可游泳季节 4~10月 休 开放期间无休息日
可游泳时间 8:30~19:00（10月份8:30~17:30）
入场费 免费 周边设施 洗手间、淋浴、更衣室、投币衣柜、便利店、沙滩遮阳伞

濑底海滩 D

濑底岛 MAP 附录P.4 C-3

海滩位于濑底岛西侧，离岛造就了这片海滩的清澈透明。这里有种类丰富的热带鱼，最适合戴上通气管潜入水中。

☎0980-47-7000 所 本部町濑底
交 距离许田IC约25km。 P 有（大约容纳250辆车·收费） 可游泳季节 4~10月
休 开放期间无休息日 可游泳时间 9:00~17:00（7~9月9:00~17:30） 入场费 免费
周边设施 洗手间、淋浴、更衣室、投币衣柜、便利店、沙滩遮阳伞

可驾车前往的离岛海滩

※在使用相关周边设施时，可能会需要付费，敬请注意。

大自然中的山原地区度假区

可在酒店咨询预定

奥间海滩 A

奥间私人海滩&度假区

国头 MAP 附录P.3 D-2

洁白的天然沙滩，绵延1km，归属酒店的一片私人海滩。巧妙地将周围自然美景融入其中，在这里可享受到不一样的度假感受。

☎0980-41-2222 所国头村奥间 交距离许田IC约35km。 P有（大约容纳150辆车·收费） 可游泳季节 3～10月 休开放期间无休息日 可游泳时间 9:00～18:00（各个季节稍有变动） 入场费 750日元（酒店住宿客人免费） 周边设施 洗手间、淋浴、更衣室、投币衣柜、便利店、沙滩遮阳伞

活动项目

浅海潜水跟团游

乘船至距离奥间海滩约1km处的海面上，这里可以欣赏到南国种类丰富的热带鱼以及美丽的珊瑚礁。每天2次行程，1次行程大约90分钟。

料5400日元/人，儿童（6岁~小学生）2700日元/人

矗立在眼前的古宇利岛

可在酒店咨询预定

UPAMA海滩 B

Resort Hotel Bel Paraiso

今归仁 MAP 附录P.5 F-2

毫无人工痕迹的大自然美景，在今归仁村这个鲜为人知的海滩上便可尽情享受。浅海处海水透明度极高。

☎0980-56-2767 所今归仁村运天
交距离许田IC约24km。
P有（大约容纳100辆车·收费）
可游泳季节 4～9月 休开放期间无休息日
可游泳时间 9:00～18:00
入场费 300日元（酒店住宿客人免费）
周边设施 洗手间、淋浴、更衣室、投币衣柜、便利店、沙滩遮阳伞

21世纪森林海滩 E

名护 MAP 附录P.12 A-3

海滩位于21世界森林公园内，这里有各种运动场地。临近名护湾的两处沙滩地已被开发，现已对外开放。

☎0980-52-3183 所名护市宫里
交距离许田IC约10km。 P有（大约容纳58辆车） 可游泳季节 5～9月
休开放期间无休息日 可游泳时间 9:00～18:30（各个季节稍有变动） 入场费 免费
周边设施 洗手间、淋浴（收费）

当地人首选休憩之地

了解冲绳海滩的基本知识

海滩种类

冲绳的海滩主要有两种类型，一是依附自然海滨的天然海滩，二是填入沙子改造的人工海滩。海滩的种类又分为：市町村管理的公共海滩、度假酒店管理的私人海滩、没有经过改造的纯天然“免费”海滩。游客可根据自己的出行目的自由选择。

酒店海滩的使用方法

一般游客也可以进入酒店管理的私人海滩，但是需要支付场地使用费。这些海滩经过全面的人工改造，并有安全员常驻看护，在安全方面令人放心。在这里，可以尽情享受酒店的度假放松感受，另外这里还有海上运动项目、餐厅美食、全身美容沙龙体验，增添旅途中的乐趣。

海水浴场利用季节4~10月

很多游客都会认为，冲绳气候温暖，全年都可下海游泳。但是，在市町村管理下的大多数海水浴场，都是在开海后的4~10月期间被定为可游泳的季节。刚开海不久的季节，水温还较低，整体气温也不高，游泳需要充分考虑个人身体状况。梅雨季节结束进入盛夏季节，即6月下旬~9月是海水浴的最佳季节。

海滩之家的使用方法

市町村管理的公共海滩，虽然不像日本本岛的海滩那样设有“海洋之家”，但是各个海滩上基本都设置有淋浴间、更衣室、厕所、衣柜等设施，游客可放心下海享受海水浴的乐趣。但是各个沙滩上的设备使用条件以及使用费等各不相同，请务必事前确认。

尽享各种室外活动

如果想要尽情享受冲绳美丽的大自然风景，一定要挑战度假岛屿特有的丰富多彩的室外活动。橡胶艇、划船比赛，深海潜水、浅海潜水，空中跳伞等，海上项目、水中项目、空中项目应有尽有。游客可在公共海滩和酒店海滩的海上项目窗口预约，也可以在冲绳县内的海上项目商店进行预约。大多数项目都需要游客提前预约，请务必事前进行咨询，做好出行准备。

在海滩开派对？

冲绳夏天的例行公事那就是“海滩派对”了。中午，在海边，一手啤酒、一手烧烤，想游泳的人可自行下水，这就是当地人的玩法。只要提前预约好，可空手前往，等你到达海滩后烧烤用的各种食材，以及烧烤用的器具都已经备好，你只需享受冲绳的海滩即可。还等什么呢，赶紧行动起来吧。

本岛中部

自西海岸地区至本岛东侧的远离陆地的小岛度假酒店林立

残波海滩 F

读谷 MAP 附录P.8 A-3

这里被郁郁葱葱的天然绿色所包围，是一块绝好之地。海滩由酒店负责管理运营，有各种海上运动项目供游客体验。

☎098-958-3833（残波海滩管理中心） 所读谷村宇座1933 交距离石川IC约14km。 P有（大约容纳100辆车）
可游泳季节 4～10月
休开放期间无休息日
可游泳时间 9：00～18：00 入场费 个别场地、设备需付费 周边设施 洗手间、淋浴、更衣室、投币衣柜、便利店、沙滩遮阳伞

可在酒店咨询预定

月亮海滩 D

月亮海滩酒店

恩纳 MAP 附录P.8 C-3

海滩被鲜花和亚热带植物包围，由酒店负责管理。这里的海上运动项目丰富多彩，充满热带风情。

☎098-965-1020（残波海滩管理中心）
所恩纳村前兼久 交距离石川IC约4km。
P有（大约容纳350辆车·收费）
可游泳季节 全年 休开放期间无休息日
可游泳时间 8：30～18：00（各个季节稍有变动） 入场费 500日元
周边设施 洗手间、淋浴、更衣室、投币衣柜、便利店、沙滩遮阳伞

※使用相关设施，可能需要另外付费，请提前查询确认。

可在酒店咨询预定

Renaissance海滩 E

Renaissance Okinawa Resort

恩纳 MAP 附录P.8 B-3

入选环境省"快水浴场百选"名单。从小孩到大人都可以在这里找到适合自己的娱乐项目。

☎098-965-0707 所恩纳村山田3425-2
交距离石川IC约5km。 P有（大约容纳200辆车）
可游泳季节 全年 休无休息日
可游泳时间 8：00～19：30（各个季节稍有变动）
入场费 3240日元（酒店住宿客人免费）
周边设施 洗手间、淋浴、更衣室、投币衣柜、便利店、沙滩遮阳伞

可在酒店咨询预定

喜瀬海滩 A

喜瀬海滩

名护 MAP 附录P.9 F-1

这是一片临近名护湾的平静的海滩。从这里可以眺望本部半岛和部濑名岬，景色秀美。只需500日元，外来游客也可进入游览。

☎0980-52-5151（残波海滩管理中心）
所读谷村宇座1933
交距离石川IC约2km。 P有（大约容纳130辆车·收费） 可游泳季节 4月～10月中旬
休开放期间无休息日 可游泳时间 9：00～16：00（各个季节稍有变动）
入场费 500日元 周边设施 洗手间、淋浴、更衣室、投币衣柜、便利店、沙滩遮阳伞

活动项目

海豚体验项目

与喜欢亲近人类的海豚来一次近距离接触。可以观赏在浅海区游泳的海豚，还可以与海豚一起畅游大海。绝对是来自海豚的满分治愈之旅。㊎3240日元~64800日元

教会海滩 B

恩纳 MAP 附录P.9 E-1

由教会管理的美式风格海滩，给您一个十足的个人私密空间。

☎098-967-8802 ㊎恩纳村安富祖
㊋距离尾嘉IC约12km。 Ⓟ有（大约容纳100辆车·收费） 可游泳季节 4月下旬~10月
㊡开放期间无休息日
可游泳时间 9：00~18：00（各个季节稍有变动） 入场费 300日元 周边设施 洗手间、淋浴、换衣室、投币衣柜、便利店、沙滩遮阳伞

海外风格的私密空间

东海岸的人气景区

伊计海滩 H

伊计岛 MAP 附录P.7 D-3

经由海中之路便可登上伊计岛的这片海滩。这里可以租借帐篷，也可租借房间。

☎098-977-8464 ㊎Uruma市与那成城伊计
㊋距离冲绳北IC约27km。 Ⓟ有（大约容纳300辆车） 可游泳季节 全年 ㊡开放期间无休息日 可游泳时间 10：00~17：30（冬天~17:00，根据天气情况稍有变动）
入场费 400日元 周边设施 洗手间、淋浴、换衣室、投币衣柜、便利店、沙滩遮阳伞

Nirai海滩 G

Hotel Nikko Alivila

读谷 MAP 附录P.8 A-4

在酒店便可观赏到涨潮退潮，这也是难得的体验，可尽情享受充满大自然气息的大海。

☎098-982-9111 ㊎读谷村仪间600
㊋距离冲绳南IC约18km。 Ⓟ有（大约容纳250辆车·收费） 可游泳季节 全年
㊡开放期间无休息日
可游泳时间 9：00~18：00（冬天~17:00，根据季节不同稍有变动） 入场费 部分设施需付费 周边设施 洗手间、淋浴、更衣室、投币衣柜、海上运动项目之家、沙滩遮阳伞

地貌丰富的天然海滨

活动项目

浅海潜水

乘船前往海上潜水地体验浅海潜水。回程还可享受网上游泳项目。
㊎6700日元/人， 小学生3600日元/人

可在酒店咨询预定

万座海滩 C

InterContinental – ANA万座海滩度假区

恩纳 MAP 附录P.9 D-2

临近万座毛，可从海中、海上、空中体验生机勃勃的大自然。

☎098-966-1211 ㊎恩纳村濑良垣
㊋距离屋嘉IC约7km。 Ⓟ有（大约容纳620辆车·收费） 可游泳季节 全年 ㊡开放期间无休息日 可游泳时间 8：00~19：00（根据季节不同稍有变动） 入场费 免费
周边设施 洗手间、淋浴、更衣室、投币衣柜、便利店、沙滩遮阳伞

活动项目

水下项目 Jr. ii

乘坐海底游览船，欣赏色彩鲜艳的珊瑚礁、热带鱼。
㊎3500日元/人，12岁以下儿童2500日元/人

可代表冲绳的海上运动项目王国

本岛南部

来到那霸附近的话这里不容错过。
这里有众多的公共海滩，且海滩上设施齐全。

美美海滩系满 F

系满 MAP 附录P.10 A-3

海滩位于系满市，从那霸出发20~30分钟便可轻松前往。这里除了沙滩烧烤，还可体验各种海上运动项目。

☎098-840-3451 所系满市西崎町
交距离丰见城·名嘉池IC约7km。
P有（大约容纳620辆车·收费）
可游泳季节 4月上旬～10月 休开放期间无休息日 可游泳时间 9：00～18：00（7月、8月开放~19:00）
入场费 免费 周边设施 洗手间、淋浴、更衣室、投币衣柜、便利店、沙滩遮阳伞

Tropical Beach C

宜野湾海滨公园

宜野湾 MAP 附录P.13 E-1

海滩位于宜野湾市的西海岸地区，是一个能够轻松前往的都市型海滩。

☎098-897-2759 所宜野湾市真志喜
交距离西原IC约6km。 P有（大约容纳180辆车） 可游泳季节 4月下旬～10月 休开放期间无休息日 可游泳时间 9：00～19：00（根据季节不同稍有变动）
入场费 免费 周边设施 洗手间、淋浴、更衣室、投币衣柜、便利店、沙滩遮阳伞

Azama Sun Sun Beach H

南城 MAP 附录P.10 C-3

海滩临近知念半岛的安座真港，可俯瞰久高岛与胜连半岛。凉亭等各种设施齐全，可放心带孩子前往。

☎098-948-3521 所南城市知念安座真
交距离南风原北IC约16km。 P有（大约容纳350辆车·收费） 可游泳季节 4～10月
休开放期间无休息日
可游泳时间 10：00～18：00（7月、8月开放~19:00） 入场费 免费
周边设施 洗手间、淋浴、更衣室、投币衣柜、便利店、沙滩遮阳伞

西原闪耀海滩 G

西原海上运动公园

西原 MAP 附录P.11 D-4

海滩位于本岛南部东侧一个综合型海滨公园内。各种设施齐全，不需要门票以及停车费，魅力无限。

☎098-944-5589 所西原町东崎
交距离南风原北IC约4km。
P有（大约容纳1100辆车）
可游泳季节 4～10月 休开放期间无休息日
可游泳时间 9：30～18：00（根据季节不同稍有变动）
入场费 免费
周边设施 洗手间、淋浴、更衣室、投币衣柜、便利店、沙滩遮阳伞

※使用相关设施，可能需要另外付费，请提前查询确认。

波上海滩 D

波上海空公园

那霸 MAP 附录P.14 B-2

那霸唯一一个可游泳的海滩。这里与可以体验潜水项目的“海空公园”，以及可以体验沙滩烧烤的广场相邻。

☎098-863-7300（冲绳·海洋乐园共同企业联盟） 所那霸市辻 交从单轨电车·县厅前车站步行约15分钟。 P有（大约容纳800辆车·收费） 可游泳季节 4～10月 休开放期间无休息日 可游泳时间 9：00～18：00（7月、8月开放~19:00） 入场费 免费 周边设施 洗手间、淋浴、更衣室、投币衣柜、便利店、沙滩遮阳伞

丰崎美丽阳光海滩 E

丰崎海滨公园

丰见城 MAP 附录P.10 A-3

海滩位于拥有大型购物中心的丰崎。距离那霸机场开车大约15分钟便可到达，返程前可在此开怀一游。

☎098-850-1139 所丰见城市丰崎
交距离丰见城·名嘉池IC约4km。
P有（大约容纳800辆车）
可游泳季节 4～10月 休开放期间无休息日
可游泳时间 9：00～18：00（7月、8月开放~19:00） 入场费 免费 周边设施 洗手间、淋浴、更衣室、投币衣柜、便利店、沙滩遮阳伞

安良波海滩 B

安良波公园

北谷 MAP 附录P.11 D-2

海滩位于北谷町的安良波公园内。周边有各种时尚的餐饮店。

☎098-926-2680／11月~4月上旬请咨询098-936-0077（北谷地域振兴中心）
所北谷町北谷 交距离北中城IC约5km。
P有（大约容纳386辆车）
可游泳季节 4月中旬～10月 休开放期间无休息日 可游泳时间 9：00～18：00（根据季节不同稍有变动） 入场费 免费
周边设施 洗手间、淋浴、更衣室、投币衣柜、便利店、沙滩遮阳伞

日落海滩 A

北谷公园

北谷 MAP 附录P. 11 D-2

海滩与美滨美式小镇相邻，在逛街的时候可顺路前往。以可以观赏到美丽的日落景观而闻名。

☎098-936-8273 所北谷町美滨
交距离冲绳南IC约6km。
P有（大约容纳1500辆车）
可游泳季节 4～11月
休开放期间无休息日
可游泳时间 9：00～18：00（根据季节不同稍有变动） 入场费 免费
周边设施 洗手间、淋浴、更衣室、投币衣柜、便利店、沙滩遮阳伞、沙滩小酒吧

尽享无与伦比的南国假期

豪华度假时光

想要悠闲自在，喜爱户外运动，
下榻于豪华度假酒店便可满足您全部需求。
忘记日常琐事，尽情享受美好假期。

被冲绳壮观的大海与自然治愈，理想的度假区

The Busena Terrace

部濑名岬被美丽的大海所包围，在这165000m²的广大区域内酒店群与18栋别墅群林立。这里注重人文与大自然的完美融合，营造出开放、沉稳、舒适的氛围，为在喧闹城市生活的您打造最舒适的度假区。这里有管家式的贴心服务，为您打造难忘的酒店体验。

HOTEL DATA

☎0980-51-1333 名护 MAP 附录P.9 F-1

所 名护市喜濑1808 交 从那霸机场出发，经由冲绳自动车道大约1小时15分钟 P 有（大约容纳350辆车）

in 14:00 out 11:00 室 410室（禁烟·吸烟房间）

费用 豪华自然海景房23320日元起/1晚（带早餐）

FACILITY

泳池 有上层和下层两种泳池，还有水上滑梯和瀑布。室内泳池全年可供使用。

其他 图书馆、全身美容沙龙、温泉、桑拿、健身房、网球场、推杆高尔夫球场、儿童中心等

BEACH & ACTIVITY

海滩 走出酒店便是部濑名海滩，洁白的沙滩一直延伸至约760m处。

活动 这里有各种海上运动项目，还巡航、瑜伽，以及体验冲绳大自然的生态游活动。

1. 客房以米色和白色为基调，营造出自然柔和的内部装修环境
2. 为了能够突出美丽的景色，酒店内装修特意选择低调风格
3. 下榻别墅群可使用贵宾休息室，还有独立房间，保证您的私人空间
4. 全身美容沙龙服务，可提供使用了月桃等琉球香草的冲绳特有的服务

酒店美食 PICK UP

早餐可在人气露天阳台餐厅Ra·Teada享受美食

在露天阳台餐厅“Ra·Teada”用餐，可边欣赏蔚蓝大海边享受美食。在日式餐厅“真南风”吃早餐，可自由选择白米饭、五谷杂粮饭和热粥。

※关于房间费用，“1晚带2餐”“1晚带早餐”“1晚无餐饮”房型，如果没有特别说明，都是指1个房间2名客人情况下的1人费用。

冲绳第一个罗莱夏朵(Relais & Châteaux)加盟店 THE TERRACE HOTELS第5度假区

The Uza Terrace Beach Club Villas

临近读谷村宇座海岸的完全度假别墅酒店。面向大海尽显开阔视野，48间客房全部配套市内专用泳池，又给人足够的私人空间。为情侣、家庭都能提供完美的住宿体验。

HOTEL DATA

☎098-921-6111

读谷 MAP 附录 P.8 A-3

所 读谷村宇座630-1

交 距离石川IC大约13km/从那霸机场出发开车大约1小时10分钟

P 有(大约容纳44辆车)

in 15:00 out 11:00

室 48间客房(全部禁烟房间)※客厅加1寝室房型(可入住1~3名)37栋，客厅加2寝室/豪华2寝室房型(可入住1~5名)10栋，超豪华客厅加4寝室房型(可入住1~8名)1栋

费用 客厅加1寝室房型64800日元起/1晚(带早餐)

FACILITY

泳池 室外泳池

其他 时尚餐厅、酒吧&贵宾休息室、商店&咖啡店、全身美容沙龙、健身房、多功能厅、自家农园

BEACH & ACTIVITY

海滩 走出酒店便是广阔的海滩。

1. 到处都是美丽的大自然
2. 所有客房内都配备专用私人泳池
3. 所有客房配套餐厅、厨房、客厅。可在酒店享受居住式生活体验

完全镶嵌在亚热带森林里的私人空间

The Atta Terrace Club Towers

建在丛林中的小型豪华别墅酒店。有着广阔开放的视野以及充分的私人空间。酒店餐厅可一边欣赏大自然美景一边享受美食，还有兼备图书馆功能的贵宾休息室&酒吧、水流循环流动式户外泳池等，让您尽享酒店乐趣。

HOTEL DATA

☎098-983-3333

恩纳 MAP 附录 P.9 E-2

所 恩纳村安富祖1079 交 距离屋嘉IC大约11km/从那霸机场出发，开车经由冲绳自动车道大约1小时 P 有(大约容纳70辆车) in 14:00 out 11:00 室 48间客房(全部禁烟房间)※Tower74间、Forest · Villa4间(禁烟 · 吸烟房间) 费用 Forest Villa房型22020日元起/1晚(带早餐)，Club Luxury房型27960日元起/1晚(带早餐)

FACILITY

泳池 室内泳池常年可用，室外泳池分泻湖泳池和瀑布泳池。

其他 FINE DINING(被绿色包围的精致餐厅)、图书馆功能贵宾休息室&酒吧、俱乐部 · 美容沙龙、种满南国果树和鲜花的The Garden

BEACH & ACTIVITY

海滩 广阔的亚热带森林环境的海滩。按季节开放营业。

活动 每天早上有起床瑜伽活动，除此之外还可以参加各种跟团游。每周有高尔夫体验课以及园艺讲座等活动。

1. 客房有视野开阔的大窗户以及阳台，所有客房都是套间面积超过52m^2
2. 使用岛上特有的天然盐与香料的全身美容养生“Klub SPA”
3. 在FINE DINING享受酒店式餐厅的美食
4. 从森林延伸至大海的户外泳池

欣赏西海岸的夕阳西下，感受度假村悠然自在的下榻体验

希尔顿 冲绳北谷度假区

这里有冲绳县内最大规模的浅海滩泳池，面积达567m²,温泉洗浴、餐饮等室内设施也是一应俱全。附近还有美滨美式小镇等商业区，从小孩到老人，可以满足各个年龄层的游客前来休闲度假。

1.阶梯瀑布式泳池尽显豪华、高贵。还有高档酒吧助兴　2.体验奄美洗浴休闲，感受冲绳天然素材以及传统疗法带来的身心放松，体验项目丰富多彩　3.内部装修尽显冲绳特色，简约但功能齐全　4.高级意大利料理带给您安静舒适的用餐体验　5.宽阔的浅海滩泳池，配备有滑梯、酒吧等设施，从小孩到老人都可尽情享受各种乐趣

HOTEL DATA

☎098-901-1111

北谷 MAP 附录P.11 D-2

所 北谷町美滨40-1　交 距离冲绳南IC大约5km/从那霸机场出发，开车经由西海岸大道大约40分钟　P 有（大约容纳200辆车）　in 15:00　out 12:00

室 346间客房（全部禁烟房间）　费用 城市景观房（双人间）17696日元起/1晚（带2餐），海景房（双人间）20137日元起/1晚（带2餐）

FACILITY

泳池　户外浅海滩泳池、阶梯式瀑布泳池。室内泳池随时可以使用。

其他　温泉洗浴、健身中心、餐饮、贵宾休息室。

BEACH & ACTIVITY

海滩　附近有日落海滩（P.27）、安良波海滩（P.27），开上卡丁车便可前往。

活动　除了海上极限运动项目外，还可以在奄美地区体验瑜伽和户外散步项目（仅限夏季）

酒店美食　PICK UP

这里有超过60种的美食
种类丰富的自助餐广受好评

在SURIYUN，您可以享受到别具匠心的冲绳当地食材料理，还有世界各地美食的自助餐。

在被绿色包围的度假区内
享受传统待客之礼

The Ritz-Carlton 冲绳

这是一座建在山丘上的红砖建筑，位于金秀喜濑乡村俱乐部内，四周被高尔夫球场包围，可眺望东海。度假区的室内亮点包括能眺望名护湾美丽景色的宽敞阳台和视野极佳的浴室。

HOTEL DATA

☎0980-43-5555

名护 MAP 附录 P.9 F-1

所 名护市喜濑1343-1 交 距离许田IC大约4km/从那霸机场出发，开车经由冲绳自动车道大约1小时15分钟 P 有(大约容纳108辆车) in 15:00 out 12:00 室 97间客房(禁烟房间89间，可吸烟房间8间) 费用 豪华套间43934日元起/1间(无餐食)，超级豪华套间68342日元起/1间(无餐食)

FACILITY

泳池 夏季户外泳池，和全年室内温水泳池。

其他 温泉洗浴、配备全新器械的健身中心、除了3个餐厅之外还有酒吧和提供轻食的大厅休息室。

BEACH & ACTIVITY

海滩 开车5分钟便可前往喜濑海滩(P.24)，这里有酒店住宿客人专用的空间(仅限夏季)。

活动 除了高尔夫之外，还有鸡尾酒教室、三弦演奏会以及手工艺品制作体验等活动项目。

酒店美食 PICK UP

轻松享受美食
在餐厅享受早餐

餐厅"GSUKU"的早餐自助广受好评。各种精致小碗料理等种类丰富的美食供您选择。天气晴朗时还可享受露台坐席用餐的乐趣。

1.走进酒店大厅便能感受到海风带来的舒心体验
2.温泉洗浴设施建在山原地区的绿色森林之中这里的洗护用品使用了英国产的ESPA制品，您可以在干式桑拿或者风化的珊瑚瓷砖岩板浴等温泉洗浴设施中使用这些洗护用品
3.豪华双人套间，宽敞明亮的房间给您带来舒适愉悦的住宿体验
4.室外泳池就在酒店的1楼，供住宿客人专用。泳池在4~10月间可供客人使用
5.酒店位于冲绳最有人气的、拥有18球洞的"金秀喜濑乡村俱乐部(KANEHIDE Kise Country Club)"内，也是高尔夫爱好者的首选之地

1

种类丰富的海上娱乐项目
让您尽情享受户外运动的乐趣

全日空洲际万座海滩度假村

(ANA INTERCONTINENTAL Manza Beach Resort)

这是建在海角上的一个大型度假区，周围被万座美丽的大海包围着。这里除了泳池、海滩之外，还有我们为您精选的潜水、海底游船、海中漫步等数十种海上运动项目，餐厅和大浴池等设施齐全，为您提供完美的住宿体验。

HOTEL DATA

☎098-966-1211

恩纳 MAP 附录 P.9 D-2

所 恩纳村濑良垣2260 交 距离屋嘉IC大约7km/从那霸机场出发，开车经由冲绳自动车道大约50分钟 P有（大约容纳500辆车·收费） in 15:00 out 11:00 室397间客房（全部禁烟房间） 费用 豪华双人间（Superior Room）/高层双人间（High Floor Room）26000日元起/1间（含早餐）

FACILITY

泳池 花园泳池、沙滩泳池，两处室外泳池。

其他 6个餐厅、酒吧，大浴池、温泉洗浴、气泡浴等身心放松设施齐全。

BEACH & ACTIVITY

海滩 这里有入选日本环境省指定的“快水浴场百选·特选”的翠绿色万座海滩（P.25）。

活动 除了海上运动项目之外，这里还有推杆高尔夫、网球、室内足球等，丰富多彩的田径项目。

2

酒店美食 PICK UP

在宽敞舒适的店内享受亚洲流行美食

料理店“The Oriental Grill by KARIN”里，除了传统的中国菜之外，这里的菜品吸收了东南亚各国美食精髓，让您感受异国风味的美妙。

别具匠心的精致料理让您体验日本料理的真谛

以白色木材为基调的室内装修风格，给人以宽敞明亮的视觉感受。这里有代表性的日本料理寿司“云海”，中午还可享受家庭料理风格的日式套餐。

1.透明的海水，丰富的海上运动项目。还有工作人员无微不至的贴心服务 2.豪华双人间。以白色沙滩和蓝色大海为基调布置的客房怡人色调 3.花园泳池。向酒店住宿客人免费租借泳衣和简易潜水服 4.在美容休闲中心消除身心疲劳，带来愉悦的身心体验 5.日落时分的观光船，为您献上一杯免费的冷饮。尽情享受45分钟的优雅游船之旅

3

4

5

尽享大海与美食的乐趣
冲绳首家日本和风旅馆

海之馆冲绳名嘉真荘

(Umi no Ryotei Okinawa Nakama)

旅馆修建于可眺望名嘉真大海的高台之上，2016年12月正式营业。旅馆最大的魅力就是，在面朝大海的全海景餐厅内享受高级日式宴席料理。馆内禁止穿鞋，让您尽情享受冲绳的大自然与和风礼仪带来的全新体验。

2

3

4

HOTEL DATA

☎098-911-6650
恩纳 MAP 附录 P.9 F-1
所 恩纳村名嘉真855-1
交 从屋嘉IC开车经由国道58号大约20分钟
in 15:00 out 11:00
室 397间客房（全部禁烟房间）
费用 特色客房(Original Room)37800日元起/1间(含2餐)，时尚客房(Modern Room)51840日元起/1间(含2餐)

FACILITY

泳池 无泳池设施。
其他 大浴池(带桑拿)、按摩休息室。

BEACH & ACTIVITY

海滩 步行大约10分钟可前往MISSION BEACH，开车大约5分钟可前往Kariyushi BEACH。
活动 无活动项目。

1. 旅馆建在高台之上，可将美丽的大海从远及近尽收眼底
2. 在餐厅“海之坊”，您可以享用到北海道空运来的新鲜海产品，以及冲绳的Agu Pork，大厨精心挑选的食材，让您尽情享受日本料理的魅力
3. 男女游客都可享受到全海景大浴池的舒适体验
4. 客房设计大方朴实，让您全身心放松。照片为特色客房(Original Room)

在海滩旁边的度假区
尽情享受大海带来的乐趣

金秀喜濑海滩宫殿

(Kanehide Kise Beach Palace)

度假区紧邻名护湾。2017年7月全新装修，可将海滩尽收眼底的通顶大厅，打造宽阔的空间体验。这里有种类丰富的海上体验活动项目，让您尽情享受海上运动的无限乐趣。

1

2

3

4

FACILITY

泳池 有室外泳池，小孩和老人也可放心游玩。
其他 可享用冲绳乡土料理的两家餐厅。

BEACH & ACTIVITY

海滩 走出酒店大厅便是一片白色天然沙滩喜濑海滩。
活动 前海潜水、海上摩托艇、龙舟等丰富多彩的海上运动项目。

HOTEL DATA

☎0980-52-5151
名护 MAP 附录 P.9 F-1
所 名护市字喜濑115-2
交 从许田IC开车经由国道58号大约70分钟
P 有(大约容纳130辆车·收费) in 15:00
out 11:00 室 162间客房 费用 豪华双人间(Superior Room)7000日元起/1间(含早餐)，豪华双人间8000日元起/1间(含早餐)

1. 早晨在酒店最高层的餐厅“名护浦”为您准备了早餐自助 2. 白色沙滩与蓝色大海相呼应，还可眺望远处的本部半岛 3. 交通方便，连接北部观光地 4. 所有客房都是海景房。照片是豪华双人间(Superior Room)

拥有丰富大自然的海滩
南欧风格度假区

日航酒店Alivila

(Hotel Nikko Alivila)

Alivila一词，在西班牙语里是“舒适”与“别墅”的意思。度假区以此为名，就是要打造一个南欧风的舒适私人空间。度假区位于Nirai海滩，这里还会有大海龟前来产卵。

HOTEL DATA

☎098-982-9111

读谷 MAP 附录P.8 A-4

所 读谷村仪间600　交 距离冲绳南IC大约18km/从那霸机场出发，开车经由国道58号大约1小时　P 有(大约容纳250辆车·收费)

in 14:00　out 11:00　室 396间客房(所有房间禁烟)　费用 豪华双人间(Superior Room)23750日元起/1间(含早餐)，豪华双人间28080日元起/1间(含早餐)。

1. 在西海岸夕阳的照耀下，西班牙风格的酒店建筑显得格外漂亮　2. 豪华双人间(Superior Room)的内部装修，融入了大海和鲜花等大自然的色彩(图片仅供参考)　3. 酒店坐落在冲绳美丽的大自然之中

FACILITY

泳池　除了室外的花园泳池之外，室内还有常年开放的休闲放松式泳池。

其他　6个餐厅·酒吧、全身美容护理、网球场等。

BEACH & ACTIVITY

海滩　走出酒店便是Nirai海滩(P.25)，这里凭借大自然的岩石，形成了一个天然海滩。

活动　除了海上运动项目和田径运动项目以外，还有各种“寓教于乐项目”，例如手工艺体验活动，与冲绳大自然亲密接触的植物观察漫步和海岸漫步等活动。

在大自然度假区
尽情享受山原地区的自然美景

奥间 私人海滩&度假区

度假区位于冲绳北部的大自然中。在布满绿色草坪的度假区内，有4个类型的山庄别墅群。这里有丰富多样的娱乐活动以及娱乐设施，可满足情侣、家庭等客人的不同需求，各种玩法让您有一个舒适的旅程。另外，这里还有一幢可以与宠物共同入住的别墅。

HOTEL DATA

☎0980-41-2222

国头 MAP 附录P.3 D-2

所 国头村奥间913　交 距离许田IC大约35km从那霸机场出发，开车经由冲绳自动车道·名护东道大约1小时40分钟

P 有(大约容纳150辆车·收费)　in 14:00　out 11:00　室 184间客房(所有房间禁烟)

费用 广场别墅(Grand Cottage)25500日元起/1晚，花园别墅(Garden Cottage)22500日元起/1晚。

FACILITY

泳池　儿童泳池·流水泳池·大泳池·水上活动泳池(均为室外泳池)。

其他　6个餐厅、景观浴场、全身美容养生、体验馆、爱犬广场等。

BEACH & ACTIVITY

海滩　这里有延绵1km长的翠绿色大海与天然白色沙滩天然融合的奥间海滩(P.23)。

活动　浅海潜水等水上运动项目、玻璃游览船和海上巡游项目、在山原地区的森林里体验大自然的生态游项目、畅游大海与森林的活动项目等。

1. 带有专享休息室的广场别墅(Grand Cottage)
2. 从泳池中出来，可躺在折叠椅上悠然自得片刻
3. 被山原地区的广阔无际的绿色治愈，享受吊床上的午睡时光　4. 被山原地区的森林与东海环绕起来的天然美景

为工作繁忙的您打造的度假之旅

优质SPA主题度假村

远离喧闹，享受身心放松之旅

RELAXATION

主要的美容养生项目

●**Healthy Life 1-Day**
将各种不同功效的项目科学地融为一体。充分考虑运动、营养、疗养等不同目的，让您全身心放松。26500日元(210分钟)

●**Suprim**
通过印度、斯里兰卡等的传统医学阿育吠陀(Ayurveda，梵文)，让您全身心放松。25000日元(150分钟)

Wellness Thalasso
☎0980-51-1115
营 9:30(前台接待9:00开始)~22:00(12月~2月到20:00结束，请您提前一个小时前来体验)

1

为您策划健康生活模式的养生度假区

The Terrace Club At Busena

名护 MAP 附录P.9 F-1

这里是被冲绳丰富的大自然所环抱的一个舒适空间，远离日常琐事让全身心得到放松。以海洋疗法为中心，这里有能够让您身心重返完美状态的各种放松项目。我们还准备了基于海洋疗法的身心护理，以及以大海为素材的各种放松项目。

HOTEL DATA

☎0980-51-1113
所 名护市喜濑1750 交 距离许田IC大约4km/从那霸机场出发，开车经由冲绳自动车道大约1小时15分钟 P 有(大约容纳60辆车) in 14:00 out 11:00
室 68间客房(所有房间禁烟) 费用 Club Deluxe27000日元起/1晚(含早餐)

FACILITY

Wellness Thalasso、Thalasso泳池、室外泳池、健身训练中心、桑拿、Thalasso咖啡店、精美餐食、图书馆休息室&酒吧、泳池小酒吧。

2

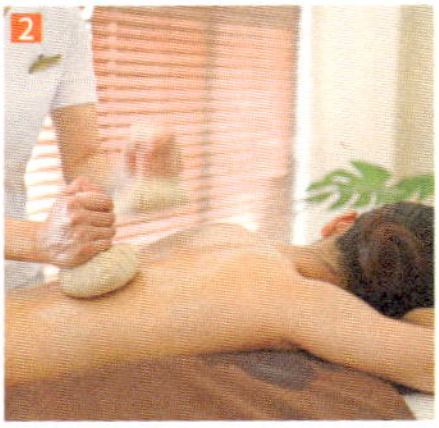

3

4

5

6

1.Thalasso泳池，是引入海水的一种开放性、多功能的温水泳池。给予身体温热刺激，加强新陈代谢
2.导入印度传统医学的美容养生的一例。使用香草进行热敷，让身体从内到外发热，促进精油的吸收
3.在Thalasso泳池里进行锻炼的Thalasso体操
4.俯瞰美丽的名护湾的海景房"Club Deluxe Ocean"
5.精美餐食，这里为您准备了能够促进新陈代谢、体内净化的，使用了各种蔬菜以及香辛料的美食
6.室外泳池连通大海，泳池边的躺椅为您提供舒适的小憩时光

深受欧洲名士们喜爱的、追求完美的休闲娱乐之所

Oriental Hills 冲绳

恩纳 MAP 附录 P.9 E-2

在占地面积约为两万平方米的广阔山丘上，14栋豪华套间别墅林立。所有别墅里都设有私人专享泳池，从这里可以俯瞰冲绳引以为豪的蔚蓝色大海浮于水面上的餐厅，被梦幻般的光束所萦绕的酒吧，也是别有一番魅力。

HOTEL DATA

☎0120-162-078
所 恩纳村濑良垣79-1 交 距离屋嘉IC大约9km/从那霸机场出发，开车经由冲绳自动车道大约50分钟 P 有(大约容纳60辆车) in 14:00 out 11:00 室 14间客房(所有房间禁烟※阳台可吸烟) 费用 豪华套间75600日元起/1晚(含2餐)

FACILITY

私人专享泳池(每个房间)、餐厅、酒吧、美容养生、婚宴会场等

RELAXATION

主要的美容养生项目

●**鱼子酱护理**
使用AINOA研发的精华素鱼子酱美容精油，给您更贴心的护理。21600日元起(60分钟)

●**玉石治疗**
使用粉红色水晶，进行抗衰老护理。19440日元起(90分钟)

AINOA 营 10:00～20:30(前台接待结束)

1

2

3

4

1.放眼望去，一片大海尽收眼底，这里有日本最大规模的私人专享泳池 2.建在缓坡山丘的别墅，给您完美的视觉体验 3.丝绸般柔滑的高品质床上用品给您舒适的睡眠体验 4.客厅直通浴池，温和的阳光从天而降 5.满90分钟的美容养生项目消费，便可免费享受气泡浴 6.除了气泡浴之外，我们还为您准备了奢华玫瑰精油ROSE BATH(40分钟 8640日元) 7.使用了高浓度鱼子酱精华的美容养生项目

5

6

7

享受最高级服务待遇
全身心放松

冲绳SPA度假村 EXES

恩纳 MAP 附录 P.9 F-1

现代装修风格的客房，宽敞舒适，给您一种安静祥和的氛围。我们为您准备了晚餐与酒店美容养生套餐，另外种类丰富的套餐为您营造不一样的度假体验。最顶层的豪华套间（Royal Exes Suite）还设有私人专享泳池。

HOTEL DATA

☎098-967-7500 所恩纳村名嘉真Yashi原2592-40 交距离许田IC大约5km/从那霸机场出发，开车经由冲绳自动车道大约1小时10分钟 P有（大约容纳400辆车） in 14:00 out 11:00 室90间客房（所有房间禁烟） 费用 Exes Suite29000日元起/1晚（含2餐），Corner Suite34000日元起/1晚（含2餐）

FACILITY

室外·市内泳池、海滩、美容养生、管家、餐厅、健身房、酒吧、便利店、洗衣服务、海上运动物品商店。

RELAXATION

主要的美容养生项目

●**香薰定制护理**
选择您喜爱的香味（精油、乳液、护理液等），为您定制精华素，全身按摩。21600日元起（90分钟）

●**均衡美容护理**
根据不同肤质，按照您的要求实施规范护理（套餐含后背、颈椎、胳膊按摩）。16200日元起（75分钟）

CREER DU Exes分店
营11:00～21:00（前台接待结束）

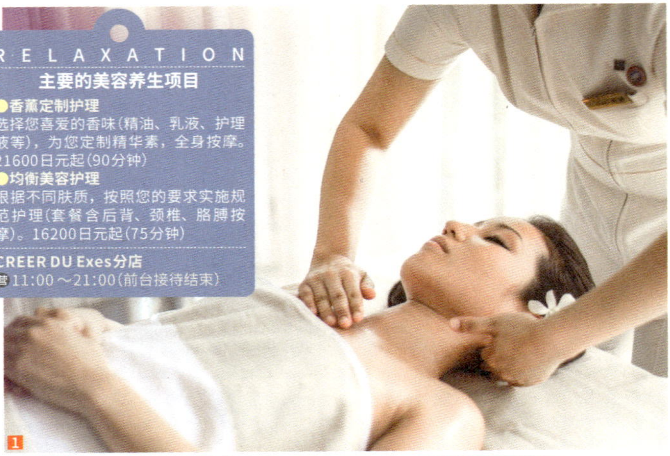

1

2

3

4

5

1. 世界驰名的法国美容养生品牌“思蒂”（Sothys），为您提供专业的养生护理服务，让您全身心放松
2. 定期举行全身护理以及按摩等优惠活动
3. 我们会根据您的肤质特征，为您提供最完美的定制服务
4. 气泡浴以及桑拿设施齐全
5. 18m×12m，水深1.6m的花园泳池（4~10月开放）
6. 放眼眺望东海的美景，享受舒适美好的时光
7. 大约60m²的Exes专享空间。和式装修风格，让您体验安静祥和的氛围

6

7

追求舒适之旅的
最佳酒店选择

（HOTEL MAHAINA WELLNESS RESORT冲绳）

本部 MAP 附录P.4 C-2

建于冲绳美丽海水族馆附近的度假区酒店。这里有种类丰富的美容养生套餐，以及山原地区充分利用了山原地区大自然的海上和野外运动项目等，适合较长时间在此逗留游玩。主要餐厅以及自助餐厅等，可以享受到大厨们的拿手好菜。

HOTEL DATA

☎0980-51-7700
所 本部町山川1456 交 距离许田IC大约28km/从那霸机场出发，开车经由冲绳自动车道大约1小时40分钟 P 有（大约容纳300辆车） in 15:00 out 11:00 室 263间客房（所有房间禁烟） 费用 标准双床房7500日元起/1晚（含餐），高级双床房9500日元起/1晚（含餐）

FACILITY

室内泳池、室外泳池、大浴场（MAHAINA盐泉）、美容沙龙、两个餐厅、随团游问讯处、山原海车站等。

1. 酒店中央庭院里的长约30m的花园泳池
2. 地板与浅色装修风格的高级双床房
3. 9楼、10楼为高级海景房
4. 美容沙龙让您全身心放松，另外还有美容按摩、足底按摩等多种套餐可供选择
5. Kucya面膜（冲绳海泥面膜）苦瓜面膜等，冲绳特有美容素材给您带来肌肤清新之美

RELAXATION

主要的美容养生项目

●**美容套餐**
Kucya面膜、淋巴护理等体验项目。1万4040日元（90分钟）

●**美容＆全身**
手推精油护理。融合了洋葵、茶树、迷迭香精华的天然精油，可促进血液循环，缓解疲劳。18360日元（120分钟）

美容沙龙
营 15:00～21:00（前台接待结束）

放眼世界各地
穷尽奢华的度假酒店

冲绳万豪度假村 & SPA

名护 MAP 附录 P.9 F-1

这里有冲绳岛最大规模的花园泳池，所有客房均为海景房，为您提供宽广的视野，尽情享受南国度假之旅。还为情侣客人提供了各种休闲娱乐选择，有美容养生、健身健美中心、美甲沙龙、可体验5种洗浴的温泉洗浴中心。为您严选、提供身心治愈服务。

HOTEL DATA

☎0980-51-1000

所名护市喜濑1490-1 交距离许田IC大约6km/从那霸机场出发，开车经由冲绳自动车道大约1小时10分钟 P有(大约容纳296辆车·收费) in 15:00 out 11:00 室361间客房(所有房间禁烟) 费用 高级双床房14400日元起/1晚(含2餐)

FACILITY

室外泳池、美容养生、温泉洗浴中心、健身健美中心、美甲沙龙、5个餐厅、休息室等。

RELAXATION

主要的美容养生项目

●均衡美颜术保养
在有限的时间内，为您打造天然肌肤之美。1620日元(75分钟)

●全身美容修复
去除老化角质层，还原肌肤原本的柔滑。19440日元(90分钟)

クレエ デュ 美
营11:00～21:00(最终受付)

1. 根据您的要求为您提供最理想的"抗衰老效果"
2. 能够促进血液循环的香薰精油温泉洗浴
3. 室内设计宽敞透亮的标准双人间
4. 明亮宽敞的酒店大厅
5. 全长170m的花园泳池，冲绳岛内最大规模
6. 海滩全景，可体验水上摩托艇等海上运动项目

以健康美为主题打造的美容养生项目和天然温泉项目给您带来无比幸福的冲绳之旅

HOTEL ORION MOTOBU RESORT & SPA

本部 MAP 附录 P.4 C-2

度假区被备濑的福木林以及南国鲜花的香味所环绕。所有客房都设计有超过50m²的宽敞阳台，全海景房。客房面积超过50m²，所有客房均为带阳台、海景房。充分利用大自然的恩惠以及太古时代延续至今的海水，为您提供海洋疗法的美容养生体验，还有面膜、去角质磨砂膏以及按摩等琉球特有的美容养生术，给您带来全新体验。

HOTEL DATA

☎0980-51-7300

所 本部町备濑148-1 交 距离许田IC大约29km/从那霸机场出发，开车经由冲绳自动车道大约1小时40分钟 P 有（大约容纳200辆车） in 14:00 out 11:00 室 238间客房（所有房间禁烟） 费用 海景双床房18300日元起/1晚（含2餐）

FACILITY

3个泳池、美容养生、侏罗纪温泉、5个餐厅、休息室、宴会厅、商店、琉球庭院、活动广场等。

RELAXATION

美容养生套餐项目

● **海洋疗法＆午餐套餐**
周一至周五2800日元，周六日以及节假日3300日元

● **海洋疗法＆晚餐套餐**
15720日元

海洋疗法 ☎0980-51-7222
营 9:00～21:00（前台最后接待时间）

1. 从地下1500m处汲取太古时代延续至今的海水，海洋疗法
2. 使用琉球太古时代延续至今的海水，水压按摩“Banjye”
3. 将伊江岛尽收眼底的全景立体海景双人房

尽享带阳台私人空间美容与美景用餐乐趣

COCO 花园度假村冲绳

Uruma（宇流麻） MAP 附录 P.8 C-4

被亚热带大自然所环绕的私人度假区。酒店客房装修雅致、沉着，能让人感受到树木的温暖，既有别墅样式客房，也有带厨房样式的客房，多种客房样式供您选择。美容养生沙龙，为您提供使用各种冲绳当地素材的全身按摩养生项目。

HOTEL DATA

☎098-965-1000

所 Uruma（宇流麻）市石川伊波501 交 距离石川IC大约3km/从那霸机场出发，开车经由冲绳自动车道大约50分钟 P 有（大约容纳40辆车） in 14:00 out 11:00 室 96间客房（88间客房禁止吸烟、8间客房可吸烟） 预算 花园式豪华双床房14000日元起/1晚（含早餐）

FACILITY

室外泳池、图书馆、网球场、美容养生、餐厅、酒吧、手工艺品商店等。

1. COCO的美容养生为您提供露台朱瑾足浴等系列养生体验项目
2. 舒适的花园式豪华双床房，定制家具及室内设备尽显时尚
3. 腹式呼吸养生以及花园瑜伽等慢式锻炼方法，让您身心放松
4. 在泳池一角的小亭子内，享受夏季限定的花园式疗法（6~9月中旬）

RELAXATION

主要的美容养生项目

● **混合式美容养生套餐**
使用朱瑾和生姜等天然素材的去角质磨砂膏面膜，让全身肌肤充满活力的养生套餐。
12960日元（90分钟）/16200日元（120分钟）

● **花园式疗法（仅限夏季）**
在特制小亭子内享受全身心放松的按摩体验。
足底按摩保养6480日元（30分钟）/
全身淋巴按摩8640日元（40分钟）

COCO美容养生 ☎098-964-4457
营 14:00～24:00（前台接待截至22:00）

独享美丽的大自然

奢享别墅私人空间

远离日常的喧闹，带您进入隐藏在冲绳大自然里的景色优美的酒店民宿。

充分利用高台地势的优势，放眼望去，泳池就跟连着大海一样，视野开阔，眼前的美景让人动容！

住进隐藏于安静环境里的别墅，在可欣赏美景的泳池里度过舒适的假日时光

Chillma

(qiruma)

今归仁 MAP 附录 P.5 F-2

整个酒店只有4间客房，所有客房均为海景房，面积超过52m²，宽敞、视野开阔。今归仁村有多个美丽的海滩，位于高台上的Chillma，视野开阔，放眼望去，酒店专属泳池似与一望无际的大海连成一片，视觉盛宴广受好评。

☎050-5810-3978

所 今归仁村运天506-1

交 距离许田IC大约25km/从那霸机场出发，开车经由冲绳自动车道大约1小时30分钟

P 有（大约容纳8辆车）

in 14:00 out 10:00 室 96间客房（所有客房禁止吸烟） 费用 58000日元起/1晚（不含餐食）

1.像是嵌入东海之中的酒店引以为豪的泳池 2.在露台上的休闲时光给您带来最放松的体验 3.在浴室内也可欣赏到东海美丽的景色 4.客厅、厨房等设施齐全，满足您长期下榻以及集体出行等要求 5.与冲绳大自然完全融为一体的土褐色建筑，给人一种置身南欧度假区的感受

被海浪声治愈
在屋顶露台欣赏美景

WASSA WASSA

(wasa wasa)

大宜味 MAP 附录 P.3 D-3

酒店被大宜味美丽的大海与山原地区森林所环绕，每天限定2组客人下榻，魅力迷你酒店。全家出游的话，酒店还会为您准备榻榻米，为您提供各种细致入微的服务，为您献上家的舒适与温暖。每个房间都有私人花园和小庭院。

☎0980-50-2500
所 大宜味村根路铭97
交 距离许田IC大约28km/从那霸机场出发，开车经由冲绳自动车道大约1小时45分钟
P 有（大约容纳8辆车） in 16:00
out 10:00 室 2间客房（所有客房禁止吸烟）
费用 海景豪华双人房12500日元起/1晚（含早餐）

1. 海景露天，这里可以眺望到远处的古宇利岛。穿上泳衣，还可享受设在露台上的2处露天浴 2. 客房屋顶高达3.3m，屋内面积达34m²，宽敞舒适 3. 这里的料理广受好评。酒店经营者夫妇二人都是料理师，为您打造“只有在大宜味才能吃到的料理”“使用最新鲜食材的料理”“有益于健康的营养料理”

建在海滩正对面的
休闲公寓式别墅酒店

COLDIO Pool & Villas 济井出

屋我地岛 MAP 附录 P.5 F-2

冲绳北部驾车便可前往的离岛・屋我地岛，在其海滩正对面建成的别墅酒店，于2017年9月正式对外营业。每栋别墅中客厅、厨房、浴室、冰箱等设施设备齐全。可体验到长期居住于度假区的生活。

1. 每个房间面积都超过100m²，宽敞舒适
2. 步行2分钟便可到达海滩
3. 寝室有洋式大床房2间以及和式房间
4. 所有房间都设有私人泳池

☎098-938-1855
所 名护市济井出218-14
交 距离许田IC大约30分钟车程
P 有（大约容纳2辆车）
in 15:00～19:00 out 10:00
室 18栋 费用 每栋6万日元起/1晚

在水族馆里，可以看到鬼系卷鳐和鲸鲨等大型鱼悠悠地在头顶游过。

在世界最大规模的水族馆体验冲绳大海的奥秘

冲绳美丽海水族馆

日本最受欢迎的水族馆，为您展现冲绳资源丰富而美丽的海洋世界。巨大的水箱中，鬼系卷鳐和鲸鲨等大型鱼成群游过，尽显“美丽海”的魅力。

美丽海水族馆饲养有大约740多种、21000多个海洋生物，其规模在世界上也是首屈一指的。浅滩、黑潮、深海，根据不同海域进行分类，不同海域的大水箱再现了冲绳周边海域的现状。有的水箱可以欣赏到色彩斑斓的热带鱼穿梭于珊瑚礁的情形，有的大水箱可以欣赏到大型回游鱼悠然自得的情形，让您切实感受到生机勃勃的冲绳大海的魅力。

每个水箱都配备解说，让您充分了解海洋生物。鲸鲨的群体饲养以及近海蝠鲼的繁殖等，都曾创下世界纪录。

美丽海水族馆 馆内地图

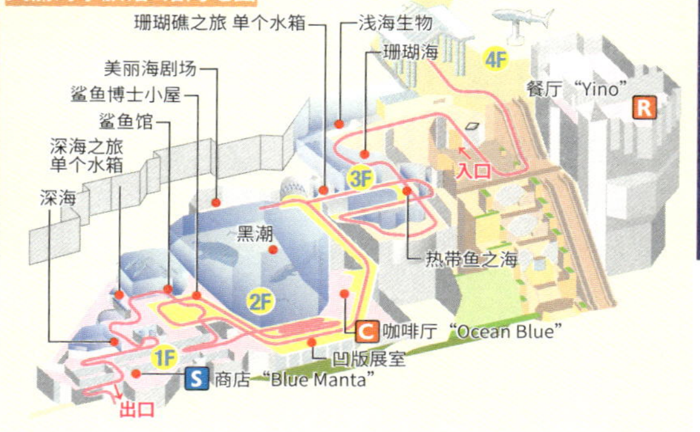

本部 MAP 附录 P.4 C-2

☎0980-48-3748　所本部町石川424海洋博公园内
开8:30～20:00(最后入馆时间19:00)，10~2月开馆时间为8:30~18:30(最后入馆时间17:30)　休12月的第一个周三、周四两天　票1850日元，高中生1230日元，小学生、中学生610日元，6岁以下儿童免费　交距离许田IC大约28km/从名护公交总站乘坐65、66、70路公交车，在纪念公园站下车，步行大约5分钟到达。　P有(可使用海洋博公园停车场)

（从3层到1层▶从浅滩到深海）

兴奋的大海之旅

整个游览过程就像自己置身于冲绳的大海之中一样

穿过4层的海人门，从入口处进入。从布满珊瑚礁的浅滩开始游览，由3层往下至1层，逐步带您进入深海世界，探求深海奥秘。

最初要穿过的海人门

珊瑚礁之旅 3F-2F

主要介绍栖息于离海岸较近的浅滩生物。水箱内有自然光照进，显得格外明亮。里面有各式各样的珊瑚，还有色彩斑斓的热带鱼成群游走于珊瑚之间。

触摸海星、海参+
3F 各种浅海生物

长满珊瑚礁的浅海区栖息着各种生物，在这里您可以近距离观察并可触摸它们。用手触摸海星和海参的那种感觉或许会让您感到很新鲜。

蓝指海星

栖息于西南诸岛以南的亚热带和热带浅海地区，是一种大型海星。

面包海星(又称馒头海星)

物如其名，身体呈五角形或者圆盘状，且稍有隆起。

沐浴太阳光的珊瑚
3F 珊瑚海

大型水箱里展出大约70种800多群体的造礁珊瑚。在珊瑚周围，可以看到以珊瑚为栖息地，或者在这里觅食的各种鱼类。

气泡珊瑚

分布在冲绳以南地区。因形状像成串的葡萄一样而得名。

帽状珊瑚

分布在冲绳以南地区。因形状像一个圆顶，或者说像一个头盔而得名。

解说
水箱解说(10分)
10:30／12:30
14:30

重点 活体珊瑚的大规模养殖与展出为世界首创

充分利用自然光与新鲜的海水，实现了大规模养殖的成功。

热带鱼的乐园
3F 热带鱼之海

水箱中有岩石、沙地，以及黑暗的洞穴，真实再现了冲绳周围海域的情况。水箱中有色彩鲜艳的热带鱼，以及其他超过200多种的生物栖息。

解说
水箱解说(15分)
11:00／15:30
喂食解说(15分)
13:00

克氏双锯鱼

主要特征就是眼睛后面长有一条线。分布于奄美大岛以南地区。

角出鱼

修长的背鳍格外漂亮，进食时通过突出的嘴进行啄食。

特定季节才登场的罕见生物
2F 珊瑚礁之旅 单个水箱

有些生物平时很难发现其踪迹，这里展出有大小约30个单个水箱，用来展示栖息于珊瑚礁的这些罕见生物。

黄环沙鳗

它们在沙地里挖坑，栖息于坑内，头部与身体上部露出沙面，漂浮于海水中，一眼望去，甚是可爱。

水边的各种生物

这里还展示有生活在冲绳淡水水域中的生物。这里可以看到椰子蟹等冲绳特有的物种。

照片提供：海洋博公园、美丽海水族馆

黑潮之旅 2F-1F

鲨鱼和鳐鱼等大型鱼派头十足地在大水箱里游动，这里是水族馆最有人气的一站。

让我们了解一下鲨鱼的本性吧

2F 鲨鱼博士小屋

大水箱中有4种鲨鱼。这里还有鲨鱼和鳐鱼的皮的标本以及鲨鱼嘴的标本展出。在这里可以了解到有关鲨鱼的一些详细情况。

2F 被大型回游鱼的威势所压倒

1F 黑潮之海

长约35米的大型水箱中，有回游鱼等超过70种的海洋生物栖息。鲸鲨和鬼系卷鳐等大型鱼成群游动的景象，只有这里才能欣赏到。

解说
水箱解说（15分）
11:30／13:30
喂食解说（15分）
9:30／15:00／17:00

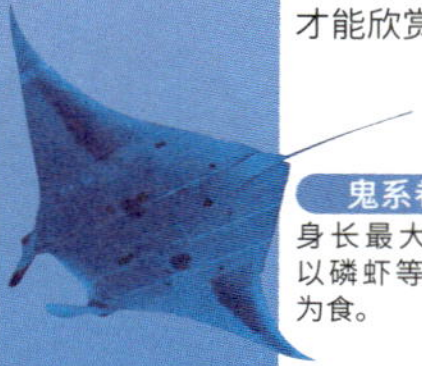

鬼系卷鳐
身长最大约为4m。以磷虾等浮游生物为食。

虎斑鲛
身长可长到2m左右。以游动于岩石附近的鱼类和贝类等为食。

鲸鲨的进食场面是必看项目。巨大的身体垂直于水中，这种垂直游于水中进食的一幕可是难得一见。1天2次（15:00/17:00）喂食解说时可欣赏到。

通过生动的影像观看冲绳美丽的大海 2F

美丽海剧场

大约20分钟的高清影像，详细介绍了冲绳的海洋生物，以及冲绳民众与大海的和谐共生。在这里可以更加深入了解冲绳的大海以及水族馆里各种生物的魅力。

冲绳美丽海水族馆的精彩场面

在这里可以看到黑潮之海

凹版展室 1F

这里可以欣赏到，在呈半圆形的丙烯板上方，鳐鱼悠然自得地游动。

照片提供：海洋博公园、美丽海水族馆

特别篇

黑鳐鱼(Black Manta)

鳐鱼通常背部显黑色，腹部为白色，腹部为黑色的实为罕见。

鲸鲨

最大可长到身长10~12m。属于鱼类中最大的物种，身体上的白色斑点是它的最大特征。它以浮游生物为食，性格温厚。

重点

鲸鲨与鳐鱼的大规模养殖为世界首创

有关这两种生物谜团甚多，被认为是大规模繁殖最为困难的物种，在这里成为现实。

世界第一!鲸鲨饲养最长纪录

于1995年来到水族馆的雄性鲸鲨“Jinta”，至今还在更新最长饲养记录。

鲸鲨“Jinta”体型世界最大

“Jinta”全长8.7m、体重5.5t(2018年1月数据)。至今还在更新体型最大的世界纪录。

世界首次!鳐鱼繁殖成功

2007年，首次实现鳐鱼出生成功。之后的饲养繁殖也都相继成功。

日本首次!开始展出黑鳐鱼

2015年12月开始，开始展出鳐鱼的黑化个体“黑鳐鱼”。

咖啡厅“Ocean Blue” 1F

一边吃着马卡龙，一边喝着咖啡。这里是边休息边欣赏大水箱中的各色生物的绝好景点。

P.49

鲨鱼馆 2F

在大水箱正面上方设有鲨鱼观赏看台，有56个座位。这里是摄影的绝好地点。

黑潮探险(水上游览项目) 4F

可以从正上方俯视大水箱。这里设有水上看台，鳐鱼和鲸鲨就在自己脚下游动。

游览时间

8:30～11:00

(最终入场时间10:45)

17:30～闭馆

(最终入场时间为闭馆前15分钟)

水箱解说(20分钟)

9:30／10:00

10:30／18:00

18:30※／19:00※

※只限3~9月

深海之旅 1F

深海海域光线无法抵达，生活在这里的生物多奇形怪状，形形色色。有关深海鱼，目前仍有很多谜团尚未解开，水深在200~700米的深海世界，同样是谜团重重。我们带您一探究竟。

奇形怪状的海洋生物

1F 深海之旅 单个水箱

这里有大眼睛、颜色鲜亮的麦氏大鳞大眼鲷、瘦长红珊瑚等，您可以细细观察栖息于深海海域的各种个性十足的海洋生物。

麦氏大鳞大眼鲷
栖息于水深200m附近的海洋沙地，身长30cm左右。

花斑海金鱼
粉红色的皮肤上长有金色花斑，给人一种色彩高贵的感受。

光线无法照射到的安静的世界

1F 深层大海

这里有日本锯鲨和盾尾鲨等，约20种的深海生物栖息。黑暗的、安静的、神秘的深海世界，给人一种独特的感受。

长尾滨鲷
身长约70cm，鲜艳的红色是其显著的特征。这是一种高级食材。

甘氏巨螯蟹 栖息于日本近海的体型最大的一种螃蟹。两个钳子神张开长达4m。

大海中的天象仪

水箱安放在黑暗的展室内，里面有会发光的深海鱼和珊瑚等生物。在黑暗的环境中一闪一闪的亮光，宛如夜空中的繁星一般。

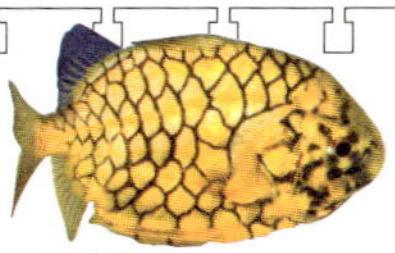

日本松球鱼
鳞片犹如铠甲一般，嘴部下方一部分还可发光。

有用信息 information

交通

那霸机场
6km·15分 → 丰见城·名嘉知IC
111路大巴 20分钟 → 那霸公交中心
丰见城·名嘉知IC：那霸机场自动车道·冲绳自动车道 67km 1小时 → 许田IC
那霸公交中心：高速大巴111路 1小时35分钟 → 名护公交中心
名护公交中心：65、66、70路 50分钟 → 纪念公园前公交站
许田IC：28km·50分钟 → 冲绳美丽海水族馆
纪念公园前公交站：步行5分钟 → 冲绳美丽海水族馆

※从那霸机场有直达冲绳美丽海水族馆的大巴"山原快速大巴"和"117路大巴"。车程大约2小时15分钟。

交通拥堵日期·时间

一年中交通拥堵的现象较多，但是根据不同的时间段，避开高峰期也可顺畅游览。在官方网站的"最新信息"一栏，我们会登出"各个时间段的拥挤状况、可能拥堵时间段"，请提前确认，方便出行。
https://churaumi.okinawa
人群较多或者离自己想参观的景点还有一段时间的话，可以事先参观周围其他景点，充分合理安排出行。

下雨天也能尽情游览吗？

我们有各种室内展馆，因此不用担心天气状况，随时可来馆游览。

门票

入口大厅处有自动卖票机，可自助购买门票。16点以后入馆的话，可以享受折扣票价（4点后门票）。20人以上的团体也可享受折扣票价。团体门票需要在窗口购买。冲绳县内的便利店以及道之驿可以购买到门票打折的园外贩卖券（预售票）。

入馆时间	8:30～16:00	16:00～入馆截止
大人	1850日元	1290日元
高中生	1230日元	860日元
小学、中学生	610日元	430日元
6岁以下	免费	

照片提供：海洋博公园、美丽海水族馆

冲绳美丽海水族馆

土特产&美食攻略

一边欣赏大海或者巨大的水箱一边享受美食，给家人和朋友送上一份别致的礼物。参观过程中或者参观结束后都可轻松购买。

新式毛绒鲸鲨玩偶

作为礼物送给喜欢可爱物件的女生，再合适不过了。2484日元（L号）

便携式2层饭盒

蓝色和水红色的鲸鲨图案两种选择。盖盖子的地方看上去就像鱼鳍一样，外观可爱的饭盒。各1242日元

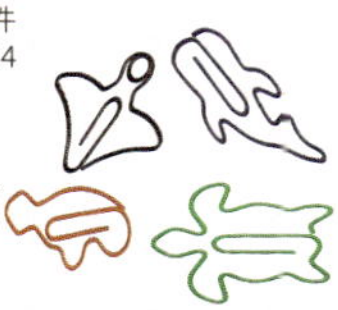

海洋生物曲别针

鳐鱼和鲸鲨形状的曲别针。可为办公室工作增添些许情趣。324日元

特制磁铁（克氏双锯鱼）

还有黄环沙鳗、花园鳗、鲸鲨、鳐鱼、海豚图案。540日元

硅酮小钱包（海豚）

还有鲸鲨和牛鲨图案的。1234日元

美丽海红薯派

冲绳人气点心的美丽海水族馆特制版。12个装1080日元

Jinta金楚糕（Qinsuko）

水族馆最受欢迎的点心。以鲸鲨"Jinta"为原型的这款冲绳点心深受顾客的喜爱。有红提和红薯两种口味。972日元（L号）

mini圆珠笔

画有海牛、黄环沙鳗、花园鳗、鲸鲨（蓝色和粉色）图案的可爱的圆珠笔。各540日元

美丽手帕

鲸鲨和鳐鱼图案格外可爱。各432日元

商店"Blue Manta"

1F

这里还有限量版玩偶

各种玩偶、文具，以美丽海水族馆的海洋生物为原型，各种图案非富多彩，您可以购买到水族馆特制礼物。这里还有冲绳点心等各种礼品。

餐厅"Yino"

4F

一边欣赏大海一边享受美食

这里是眺望东海美景的最佳位置。午餐时间，这里还有使用了冲绳当地食材的各种美食。不进入水族馆也可到此用餐。

咖啡店"Ocean Blue"

1F

再次小憩，还可观赏鳐鱼

在这里不但可以稍作休息，还可以欣赏到黑潮之海的巨大水槽中的生物。这里有章鱼饭等轻便食品，还有红薯冰激凌等甜点，再来一杯冷饮，彻底消除长时间行走带来的疲劳感。

游览所需时间

水族馆内全程参观，最低需要2小时。如果还要欣赏小冲（Oki酱）剧场的海豚表演的话，至少需要3小时的时间。如果加上各个景点的解说、欣赏美丽海剧场的节目，而且还要去水族馆周边的商店、饮食以及其他小景点的话，可能需要半天至1天的时间，请您根据自己的实际需要合理安排时间。

再次入馆

如果去水族馆外面的景点，之后还要再次入馆的话，在您出去的时候请一定和工作人员说明，并在门票上盖上再次入馆的章。再次入馆只限当天的门票。检票进入水族馆后请一定保管好您的票。

租借解说机器

您可以免费租借解说机器（PDA），听取各个水箱的详细解说。有了这个解说机器，您可自由安排时间，根据自己的行程安排详细了解各个水箱的情况。解说语言除了日语之外，还有英语、汉语和韩语可供选择。具体请在水族馆HP查询。

项目解说

水箱解说、喂食解说，以及美丽海剧场等，我们为您准备了丰富多彩的观赏项目，为了能够很好观赏，效率最为重要。请您事先在水族馆HP上确认各项目的实施时间，提前做好出行参观计划。安排好水族馆外的各景点的参观，可更好地享受出行乐趣。

餐厅&咖啡厅

咖啡厅有各种简单轻便的小食品供您选择，还有海景餐厅给您提供小憩之所。您可以在参观游览的同时，享受各种美食。水族馆所在地的海洋博公园里，有多处餐饮店，为您提供各种轻食。

馆内设施

馆内除了咖啡厅和餐厅以外，还有贩卖水族馆特制商品的商店"Blue Manta"。在入口大厅里还有ATM和自助外币兑换机、储物柜（收费）等。馆内还设有两处哺乳室，可提供热水等方便您冲泡奶粉，还有沙发供您休息。馆内还可以免费租借婴儿车，馆内多处设置有婴儿坐席的卫生间，为带婴儿出行的父母提供各种便利。另外，馆内还可免费租借轮椅，馆内多处设置无障碍设施，方便轮椅移动。

※婴儿车和轮椅向外租借完为止（因数量有限，敬请见谅。不接受事先预定）

（水族馆附近也可感受到大海给人带来的惊喜） MAP 附录 P.4 C-2

海洋博公园

水族馆附近集中了与大海主题相关的各种设施。可以近距离接触海豚、海龟、海牛等可爱的海洋动物。

最受欢迎的海豚表演

海豚表演

海豚明星“OKI酱”和它的小伙伴们高高地跳出水面，还会做出各具特色的舞蹈动作。

SCHEDULE
11:00／13:00
14:30／16:00
※17:30(仅限4月~9月)
(20分钟)

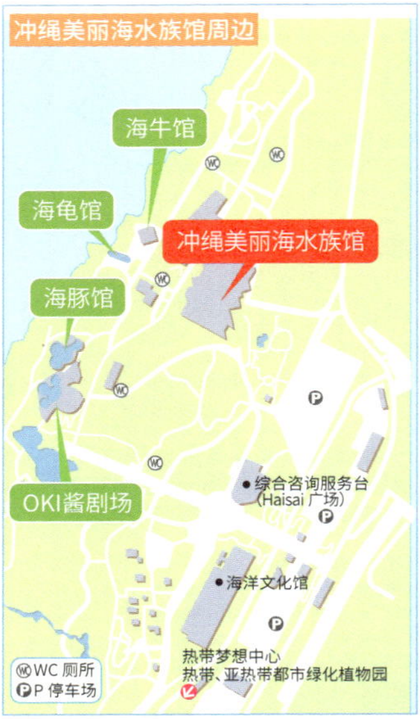

以大海为背景上演海豚表演秀

OKI酱剧场

MAP 附录 P.4 C-2

这里可以免费欣赏到海豚表演，充分发挥海豚惊人的运动能力，给您展示一场别具匠心的表演秀。还有可以直接观察水中情况的大水池，并能听到有关海豚的生物知识解说。既可以近距离观察，还可零距离抚摸可爱的海豚。票 免费

潜水员表演秀

SCHEDULE
11:50／13:50
15:30
(15分钟)

透过水池的玻璃面观察海豚在水中的生活。潜水员还会对海豚进行相关解说。

SCHEDULE
周六、周日、
节假日10:20～
10:50(30分钟)

零距离抚摸海豚体验

听取关于海豚的解说，还可抚摸海豚，并体验饲养员的工作，与可爱的海豚近距离接触。定员 20人(1天1次)，体验者需小学生以上 预约 需要提前预约。详细情况请参照HP 费用 免费

SCHEDULE
10:00／11:30
13:30／15:00

海豚观察会

观察会每天举行。可以看到海豚训练和健康体检的情形。10:00的观察会在OKI酱剧场和海豚馆的其中一处举行。票 免费。

这里还有产卵用的沙场

海龟馆

MAP 附录 P.4 C-2

可以在上面上或者透过地下玻璃观察海龟在水中游泳的样子。

票 免费

这里饲养有5种大海龟

近距离观察海豚

海豚馆

MAP 附录 P.4 C-2

在这里可以近距离看到海豚，还可以给海豚喂食(收费项目)。

票 免费

体验海豚喂食

在海豚馆的看台上，可以体验给海豚喂食。不需要提前预约。※达到每天限定喂食人数后结束该项目。

票 饵料(1套)500日元

SCHEDULE
10:00～12:00
13:00～13:20
13:45～14:15
(号码牌发放时间13:20～13:45)
15:15～15:45
(号码牌发放时间14:45～15:15)

母子海牛欢快游泳

海牛馆

MAP 附录 P.4 C-2

海牛被奉为日本人鱼传说的原型，在这里可以近距离观察到可爱的美国海牛。票 免费

运气好还可看到海中进食的情形

照片提供：海洋博公园、美丽海水族馆

体验大自然的壮美

游玩

清澈见底的蔚蓝大海和连绵起伏的山峰令人叹为观止。如此壮丽景象如果只是远观而不近赏简直是一种浪费。走近大自然，亲近奇山丽水，呼吸新鲜空气，同大自然中的动物一起共享欢愉时光。

ACTIVITY

尽情享受这全世界屈指可数的清澈海域。

欢迎来到庆良间

庆良间的独木舟与潜水项目

可以当日往返于那霸的庆良间群岛，在此，您可以尽情享受庆良间的蔚蓝大海。快来乘船欣赏大海之美吧！

因适宜潜水，海域清澈透明而闻名全世界的庆良间群岛。这里生长着约全日本60%的珊瑚，拥有珊瑚礁生长的绝佳生态环境。潜水项目自不必说，此外炎炎夏日您还可以在白沙滩体验海水浴，冬日您可以远眺鲸鱼，作为可以当日往返于那霸的离岛，庆良间群岛备受游客欢迎。

同时2014年"庆良间群岛国立公园"被认定为日本第三十一所国立公园，广受关注。

SCHEDULE 所需时5.5小时

10:00 商店集合。不同季节营业时间会有变化。当天从那霸参加的游客需要提前准备好泳装。

10:20 首先需要参加讲解独木舟使用方法的小课堂。会有专业老师指导划船方法并且教授安全措施，因此即使是初次体验的游客也可安心使用。

➔潜水管套组可以免费租借

11:00 从阿真沙滩乘独木舟出发，朝着无人岛方向前进！导游会为您调整适合您体力以及能力等级的路线。

➔掌握划桨使用技巧的话，就会顺利前行

出发地点的阿真沙滩附近海域格外美丽，仿佛漂浮在水面之上。

↑可近距离观赏色彩鲜艳的鱼

↑水下能见度可达数十米

↑赶上涨潮之时还可以看见大海龟

↑眼前可见的便是水族馆的风景

旅行参团 Q&A

Q 参团之时，需要准备的服装与携带的东西都有哪些呢？

A 泳装、防晒服、冲浪裤以及类似于沙滩拖鞋和海洋鞋等不怕湿的服装。同时，防晒霜、帽子等防晒用品也不要忘记。此外，请准备好饮料、毛巾，及回程的换洗衣物。最后以防万一，保险证的复印件也请随身携带。

Q 如遇恶劣天气怎么办？

A 如遇大雨强风等天气的话活动可能被迫中止。如果活动中止，旅行社会于出发当日8点20分前与您电话联系。

Q 如果想当日往返那霸的话，如何规划路线呢？

A 请一定预约出发与回程的高速船，由于船票紧张，所以请尽早预订。

↑抵达无人岛美丽的沙滩

可当日往返那霸

庆良间独木舟&潜水一日体验项目

此项目不仅可以畅玩独木舟与潜水项目，还可以感受座间味岛的迷人海景，因此人气十足。登陆无人岛后可以尽情享受海滩游戏。幸运的话还能看到海龟哦！

票 12000日元 可体验时间 全年 所要 5.5小时（10:00~）
预约 需于出发前日17点前通过电话、邮件、传真、网站等方式预约
参加条件 4岁以上（12岁以下儿童须有大人陪同；70岁以上老人需要事先协商） ●项目所含：独木舟、潜水装备、救生衣、防水包、午饭、饮料、导游、保险（冬季潜水项目为选择制）

庆良间独木舟中心

☎098-896-4677 座间味岛 MAP 本志 P.2 A-2
所 座间味村座间味125-2 营 9:00～18:00（冬季~17:30）
休 不定时休息 交 从座间味港徒步5分钟。从那霸出发可乘坐渡轮与高速船。往来座间味岛的渡轮一日一趟，所需时间两小时；高速船一日2~3趟，所需时间50分钟。

11:30 在清澈见底的大海中尽享潜水之乐。熟知庆良间海域地理位置的导游会给您安排可以看见珊瑚礁与海内生物的最佳潜水地点。

→潜水最佳的远浅海滩

12:30 午餐由在无人岛上的工作人员精心制作。一碗热腾腾的冲绳荞麦面会治愈旅途的疲倦。

→备受游客好评的冲绳荞麦面，为了午后的精彩时光补充能量

13:00 离岛前的时光，您既可以选择舒适度过，也可以再次潜水，尽情畅玩。回程交通工具仍然是独木舟，到达集合商店的时间约为15:30~16:00。

→有时您也可以在独木舟上看到珊瑚和鱼类

※商店温水淋浴设施齐全，供您使用。

走进洞窟，走进震撼不已的蓝色奇幻世界！

神秘而又蓝光璀璨的美丽海

青之洞窟潜水

备受欢迎的潜水体验景点。
洞窟那令人惊叹的奇幻蓝色彰显了大自然的鬼斧神工。

见到这奇幻蓝色之人，无不被其惊艳所打动。太阳光线直射入海底，反射的光线就犹如大海底部发出的神奇之光，给整个洞窟披上一层神秘的面纱。游泳15分钟即可到达的距离优势，加上“游程”中可以观赏丰富多彩的珊瑚与热带鱼，全年前来潜水体验的人络绎不绝。同时洞窟所在地真荣田岬位于本岛的中心地域，因此旅行计划也不难安排。

朝着洞窟前行的潜水体验者。周边海域的透明度之高也十分有名

SCHEDULE 所需时间2.5小时

10:30 商店集合。填写报名表后调整潜水口罩与鸭脚板的尺寸。同时参加潜水注意事项的安全讲座。

各用具的使用方法会由教练进行认真讲解

10:45 从商店出发步行5分钟到达青之洞窟所在地真荣田岬。走下台阶映入眼帘的是一望无际的大海。夏天来访游客众多，此处十分拥挤，请互相谦让。

青之洞窟入口在台阶右侧

11:00 远眺珊瑚与热带鱼，朝着青之洞窟前进，洞窟里面有岩场，疲惫之时可在此休息。从这里远眺的大海也是十分美丽的。

岩场光线差，岩石表面也凹凸不平，因此请注意安全

洞窟如被灯光点缀一般，十分不可思议，其半径5m左右，并不是很大，

旅行参团Q&A

Q 参团时的服装以及需要携带的物品是什么呢？

A 请穿着泳装参加。免费租借海洋鞋、潜水口罩、鸭脚板、救生衣等器材一套以及浴巾。全年开通潜水服租借服务，避免炎炎夏日紫外线晒伤，建议您准备长袖的防晒服，同时不要忘记备好回程的换洗衣物。

Q 如遇恶劣天气怎么办？

A 一般情况下活动不受天气影响，但是如若海水状况不佳时旅行内容有可能发生变更，如遇变更会提前两小时与您取得联系。

Q 如果想当日往返那霸的话，如何规划路线呢？

A 接送车仅限定于周边地区，如果前往那霸的话推荐使用租车服务，走高速的话所需时间一小时左右，并不是特别远。

⬆洞窟内海水蓝色会随着天气与时间变化而变化

青之洞窟潜水＆与热带鱼嬉戏美丽海潜水

本套餐可以尽情感受青之洞窟魅力，适合初学者，即使您对游泳没自信，也无须担心，导游会给您充分的帮助，请安心享受潜水带来的乐趣。

票 4104日元　可体验时间 全年（风雨无阻）
所要 2.5小时（8:00；10:30；13:20；15:30）
预约 出发当日需电话预约、也可通过互联网预约提前预约　参加条件 6岁以上64岁以下（60岁以上游客需要医生开具的健康诊断书）
●器材一套、浴巾、饮品、保险、设施使用费、水中相机（SD卡不包含在内）

11:15 在神秘蔚蓝洞窟内的潜水定会让您流连忘返。海底潜水员吐出的泡泡也在光线照耀下熠熠生辉。

➔早上访客较少的时候，海水格外清澈

11:30 洞中欣赏约十分钟后，准备返回。从出洞窟后到旅途结束全程您都可以欣赏在洞外迎接您的热带鱼。

➔习惯人类的热带鱼有时会吻您的手指向您索要鱼食

MARINE CLUB NAGI

☎098-963-0038
恩纳 MAP 附录 P.8 B-3
所 恩纳村山田501-3　营 7:30～22:00
休 全年无休　交 距石川IC约7km　P 有（20个）

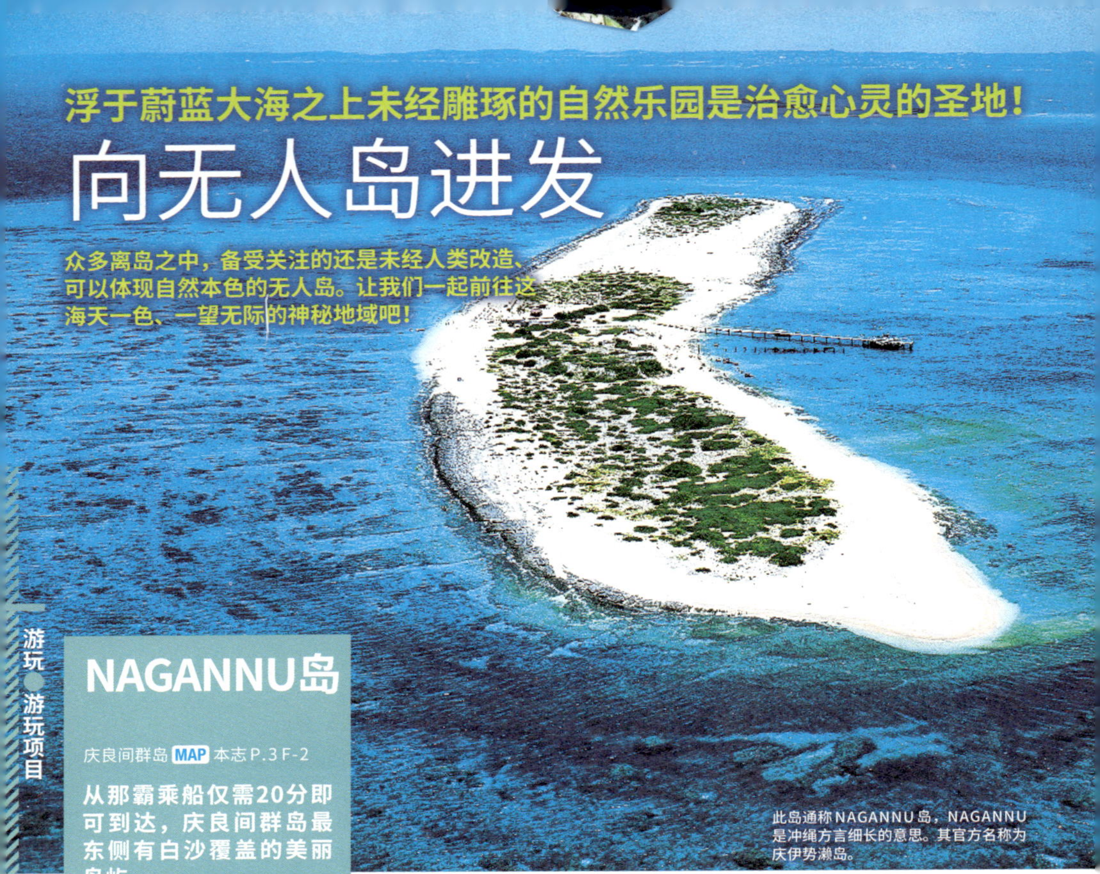

浮于蔚蓝大海之上未经雕琢的自然乐园是治愈心灵的圣地！

向无人岛进发

众多离岛之中，备受关注的还是未经人类改造、可以体现自然本色的无人岛。让我们一起前往这海天一色、一望无际的神秘地域吧！

此岛通称NAGANNU岛，NAGANNU是冲绳方言细长的意思。其官方名称为庆伊势濑岛。

NAGANNU岛

庆良间群岛 MAP 本志P.3 F-2

从那霸乘船仅需20分即可到达，庆良间群岛最东侧有白沙覆盖的美丽岛屿。

那霸市向西15千米，庆良间群岛入口附近的小岛。全岛被一种叫作珊瑚沙的白沙覆盖，白色海滩与蔚蓝大海交相辉映。除各种海上运动外，淋浴间与餐厅等各种设备完备，旅途舒适度满满。

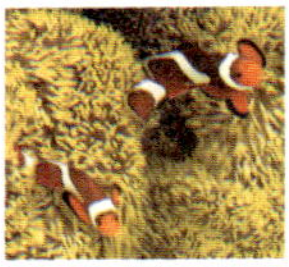

海水透明度之高世界闻名，鱼儿清晰可见。划船潜水等项目期待您的体验

远海潜水项目。6岁以上可参加

海水浴当日往返套餐

半天时间的标准套餐，如果您想多留一段时间的话，推荐您选择可以住宿的套餐。

票 5800日元(4~6月、10~11月4200日元)，不含环保建设费100日元；不含户外烧烤，海上活动

可体验时间 4～11月 所要 6小时

预约 出发前日预约制，(预约专线：098-860-5811)；或者可登录"Nagannu"岛官网进行预约(www.nagannu.com)，报名额满立刻截止。

参加条件 无 午饭(仅限7~9月)

Tokashiki

☎098-860-5860

那霸 MAP 附录P.14 C-2

所 那霸市泊3-14-2 营 8:00～18:00(7~9月~19:00) 休 全年无休

交 Yui-Rail美荣桥站徒步15分钟 P 无

KOMAKA岛

南城 MAP 本志P.3 F-3

位于距离本岛南部的2km近海海域。因其绝美风景以及便利的交通，每年夏天都会引得无数游客前来欣赏。

位于知念岬和久高岛之间的KOMAKA岛，是一座周长800米左右的小型无人岛。因其海水清澈透明，以及其白色细沙覆盖的沙滩而闻名。许多游客为其魅力而不止一次被吸引前来岛上观光。海滩附近海域生长着很多热带鱼，在潜水时遇到珍稀物种的热带鱼也是一件令人开心的事情。

即使漫步而行，环绕岛屿一周也只需15分钟左右

SCHEDULE

所需时间6小时

8:00 出发前30分钟到达指定地点集合，20分钟左右到达Nagannu岛。

9:00 岛上停留的自由时间除海水浴以外，您还可以选择付费项目如潜水以及海中散步等来尽情享受大海之美。

海中行走

12:00 露天餐厅一边享海洋美景，一边进行户外烧烤(3000日元起)！午饭后仍为自由活动时间。

14:00 回程前冲洗淋浴，整理好心情，一起乘船返回港口。

SCHEDULE

所需时间6小时

9:15 从知念海洋休闲中心出发乘船15分钟到达。到达岛上后首先是自由活动时间，您可以尽情享受海水浴。

11:00 参加一小时潜水教学小课堂。老师会认真讲解，因此即使是初学者也大可不必担心。

边喂鱼边游泳

13:00 挑战十人香蕉船！提速后要注意安全。

15:15 乘返程船只回到港口。休闲中心附近有两家可以淋浴更衣的设施，需付费使用。

梅雨季节开始到秋季，渡岛的燕鸥会来岛上产卵，这件事情也广为人知(上)。休闲中心港内的卖店也出租海上用品(右)

KOMAKA无人岛接送套餐

上岛时候海水会没过脚面，因此请着防水衣物。此外岛上只有卫生间，因此请自行准备太阳伞以及午餐等必需品。

票 乘船往返2500日元 可体验时间 全年(风雨无阻) 所要 15分钟(单程) 预约 无须预约
参加条件 无

知念海洋休闲中心

☎ 098-948-3355 南城 MAP 附录P.10 C-3
所 南城市知念久手坚676
营 9:00～17:30(10～3月～17:00)
休 全年无休 交 距南风原南IC约7km
P 有(200台)

时常出现在眼前的鲸鱼
鲸鱼尖叫与其拍打水花的场景令人兴奋不已

冬季到美丽海看巨鲸

朝着鲸鱼出没的大海前进！

游玩●游玩项目

鲸鱼观赏

冬季大量的座头鲸会到庆良间群岛附近海域产子育子。
身长12米左右，体重25吨的巨鲸出没海上，其有力的跳跃令来往游客叹为观止。

冲绳的每年1—3月是观赏鲸鱼的绝佳时节。以本岛和庆良间群岛之间的海峡为中心的附近海域，集聚着为产子育子而不远万里从北部寒冷海域而来的座头鲸。本旅行项目主要欣赏在海中驰骋的鲸鱼英姿。幸运的话还有机会看到遨游的鲸鱼的尾鳍与胸鳍，以及其欢呼雀跃的身影，每当此时游客都会惊奇不已。

鲸鱼的喷水被称为"blow"，有时鲸鱼喷水还能形成美丽的彩虹

SCHEDULE 所需时间2小时

10:00 当天从那霸出发参加活动的游客需乘船前往座间味岛。在座间味港口换乘前会有导游为您精心讲解旅途中的注意事项。

➔也会有关于鲸鱼生态的讲解

10:30 从座间味港口出发，根据鲸鱼出没预报，朝着鲸鱼可能出没的海域移动。由于鲸鱼遨游在大海中，其位置会时刻发生变化，因此有时寻找鲸鱼所在位置也有可能需要花费一些时间。

12:30 欣赏完鲸鱼后开启返程之旅。

↑发现鲸鱼后与其他游船互相谦让，共同观赏

鲸鱼尾鳍高昂拍打水面激起层层浪花

鲸鱼观赏(whale watching)

可当天往返那霸

由于鲸鱼观赏协会的人们会在岛上的山顶提前观测鲸鱼的出没位置，因此大大提升了我们欣赏鲸鱼矫健身姿的可能性。同时船只从座间味岛港口出发，座间味岛因其海水透明度之高，世界闻名，所以您还可以欣赏到沿途大海美景。

票5400日元 可体验时间 12月下旬～4月上旬 所要2小时
预约 出发前日17点前通过电话/邮件/传真进行预约。
参加条件 孕妇禁止参加，根据海水状况婴幼儿有时会被禁止参加
●船费、保险、救生衣

座间味村鲸鱼观赏协会

☎098-896-4141 座间味岛 MAP 本志 P.2 A-2

所座间味村座间味地先1 营8:00～17:00 冬季9:00～17:30
休不定时休息 交从座间味港徒步5分钟。从那霸出发可乘坐渡轮与高速船。往来座间味岛的渡轮一日一趟，所需时间1.5小时；高速船一日2~3趟，所需时间50分钟。

旅行参团Q&A

Q 参团时的服装以及需要携带的物品是什么呢？

A 海浪飞溅有可能淋湿衣物，因此需要准备好防水衣物，同时准备好防寒衣物。请务必穿好救生衣。海浪翻滚时游船会随之晃动，容易引发晕船，因此易晕船的游客请提前准备好呕吐袋。

Q 如遇恶劣天气怎么办？

A 浪高过高或者极端天气的情况下活动可能无法按照预期举行。因此请于出发当日8点半之前向旅行社电话确认。

Q 如果想当日往返那霸的话，如何规划路线呢？

A 出发请一定预约高速船，回程可根据时间预约高速船或者渡轮。由于船票可能出现紧缺，因此请尽早预约。

远眺日出日落的同时欣赏鲸鱼套餐

本套餐根据日出日落时间出航，不同于白天的鲸鱼欣赏。在日出日落时分，和着橙色的日光观看鲸鱼的海中欢腾别有一番滋味。报名人数达2人以上起航。

鲸鱼映着朝阳与夕阳的柔光在海中欢腾的景象令人流连忘返

日落观看路线

所需时间 两小时(16:30～18:30)

票6480日元

日出观看路线

所需时间 两小时(7:30～9:30)

票6480日元

被称为breaching的鲸鱼一跃。观赏鲸鱼时最引人入胜的场景

环游巨型海上养殖场
感受鲸鲨的巨大力量

日本少数的海上养殖场，同时全冲绳能看到鲸鲨的仅此一处

观赏神秘的巨鲨

鲸鲨浮潜

➲船底带有玻璃窗的玻璃船，即使不会游泳也可以近距离欣赏鲸鲨

位于读谷村远洋海域的海上养殖场里面生活着巨大的鲸鲨，您可于两千米左右的距离观看巨大身躯的鲸鲨游动。

本项目因可以近距离观赏世界上最大的鱼类——鲸鲨而备受欢迎。同时生活在温带与热带的鲸鲨游速缓慢，性情温和，因此无须担心被其所伤，可以放心，尽情享受潜水的乐趣。如果您对潜水没有自信的话，推荐乘坐玻璃船欣赏。

➲心向往之的鲸鲨就在触手可得的位置

SCHEDULE

所需时间2.5小时

10:30 商店集合。填写报名表后员工会为您精心讲解有关潜水的各类注意事项。

11:00 从商店所在地都屋渔港出发，乘专用船抵达海上养殖场，行程为5~10分钟。

11:15 到达目的地后听从工作人员指挥，有序下海，近距离欣赏鲸鲨，潜水时间30~40分钟。

12:15 返回都屋渔港。在商店里冲洗掉身上的海水，换好衣服后原地解散。

鲸鲨潜水项目

此项目可以通过潜水近距离欣赏鲸鲨，是十分人气的项目。鲸鲨超乎想象的活动样态令人难以忘却。

票9100日元　催行全年(风雨无阻)
所要2.5小时(8:30／10:30／13:00／15:30)
预约 出发前一天18:00前通过传真/互联网预约或者提前三天也可通过互联网进行预约
参加条件6岁以上小学生以下的儿童需在大人陪同下参与;中学和未成年群体需出示直系亲属承认书;60岁以上75岁以下游客需要出示由医生开具的健康诊断书;　●体验费、授课费、潜水器材一套、船费、保险

Top Marine 残波店

☎098-956-0070
读谷 MAP 附录P.8 A-4
所读谷村都屋33　读谷村渔业协同组合内B1
营8:00～18:00　休 全年无休　交 距冲绳南IC约7km　P 有(100台)

与海豚一起嬉戏，与海豚一起畅游。海洋之星为你打造完美之旅

体验意想不到的动人时光

海豚那可爱的表情和与人类亲近的性格会给您的旅途增添一丝幸福感。海豚的叫声、动作种类丰富，仿佛在与人类交谈一般。让我们与海豚来一个亲近之旅吧。

本部元气村的海豚项目

这里为您准备了六种亲近海豚的项目。此外我们还为您提供充实的体验项目。诸如香蕉船、独木舟等海上游戏项目以及三弦、红型等冲绳传统文化体验项目。

本部元气村

☎0980-51-7878 本部 MAP 附录 P.4 C-2

所 本部町滨元410 开 8:00～18:00 休 全年无休

交 距许田IC约7km P 有(60台)

海豚畅游 dolphin fun swim

这是与海豚一起游泳嬉戏的项目，在简单的讲解之后，您可以与海豚在沙滩或者海中亲密接触，也可以抓着海豚背鳍与其一起遨游海中。

票 17280日元(9月19440日元) 可体验时间 1月～6月、9～12月 所要 70分钟 预约 请至少提前三天预约。 参加条件 小学生以上身高125cm以上，可游25米以上。

体验与海豚共泳的感动时分

海豚共泳 swim with dolphin

在学习过海豚所在的生态环境后，请享受与海豚近距离接触的时光。同时也可以看到海豚的各种表演。

票 12960日元(夏季15120日元) 可体验时间 全年 所要 50分钟 预约 请至少提前15分钟预约。 参加条件 小学生以上身高125cm以上，可游25米以上。

可以抓住海豚背鳍一起游泳

海豚见面会 dolphin encounter

这是学习海豚的项目。您可以边游戏边学习海豚的生态环境，同时下到没过膝盖的水域与海豚近距离接触，

票 7560日元(夏季8640日元) 可体验时间 全年 所要 50分钟(11:00／13:00／15:00) 预约 请至少提前15分钟预约。 参加条件 0~5岁儿童须由大人陪同(大人门票另收费)。

这一项目虽不与海豚一起游泳，但是可以近距离接触海豚，故而广受好评

“细嚼慢咽”投喂活动 mogumogu picnic

这是给各种动物喂食的项目。动物包括陆龟、海龟、海豚。在投喂过程中，可以近距离观察各种动物的饮食特征。

票 3240日元(夏季4320日元) 可体验时间 全年 所要 30分钟(9:00／16:00) 预约 请至少提前15分钟预约。 参加条件 0~5岁儿童须由大人陪同(大人门票另收费)。

观看不同动物的不同吃法，乐趣满满

微笑海豚 Smile dolphin

本项目是冬季限定套餐，无须浸泡在冬季寒冷的海水之中就可以与海豚近距离接触。亲吻您手掌的海豚带给您别样的旅行感受。

票 5400日元 可体验时间 10月～2月 所要 30分钟(11:00／14:00) 预约 请至少提前15分钟预约。 参加条件 0~5岁儿童须由大人陪同(大人门票另收费)。

近距离欣赏海豚可爱的表情

海豚步行旅游团 dolphin walking tour

本项目可以前往海豚的家(养殖场)去近距离观看海豚生活。拍照自由，请务必捕捉与海豚的精彩瞬间。

票 1296日元 可体验时间 全年 所要 20分钟(9:00／12:00／15:00) 预约 请至少提前15分钟检票。 参加条件 0~5岁儿童须由大人陪同(门票另收费)。

游客接近水面时，海豚就会露出头来

海上项目

酒店沙滩的快乐

预定酒店里提供的海上项目，轻松畅玩。当然即使不是住宿客人也可轻松体验。

划桨船

海上散步，休闲之旅

随着自己的速度划桨朝大海方向前行，远眺大海同时尽情欣赏沿途风光。

难易度 ★★★☆☆

照片来源
ANA Inter continental
万座beach resort

飞行冲浪板

享受飞驰水上的惊险刺激瞬间

利用水上摩托喷水的气压顶起冲浪板，这是近年来开发的新型运动，人气十足。

难易度 ★★★★☆

照片来源
Renaissance resort Okinawa/
Hotel moon beach

香蕉船

浪花激荡，体验速度与激情

乘形似管状的船，由快艇拉着在海上飞驰，随着海浪的起浮快速移动，紧张感爆棚。

难易度 ★★☆☆☆

照片来源
Renaissance resort
Okinawa

活动价格表

ANA Inter Continental 万座海滩度假村 恩纳 MAP 附录P.9 D-2		☎098-966-1211 所 恩纳村濑良垣2260 交 距屋嘉IC约7km P 有（500个，免费）	游泳时间 9:00～18:00（有调整可能） 游泳期间 全年 休 全年无休 设施使用费 免费
Renaissance resort 冲绳 恩纳 MAP 附录 P.8 B-3		☎098-965-0707 所 屋嘉村山田3425-2 交 距石川IC约5km P 有（200个）	游泳时间 9:00～18:00（有调整可能） 游泳期间 全年 休 全年无休 设施使用费 3240 日元（住宿客人免费）
Hotel moon beach 恩纳 MAP 附录 P.8 C-3		☎098-965-1020 所 恩纳村前兼久1203 交 距石川IC约4km P 有（350个，收费）	游泳时间 8：30～18：00（有调整可能） 游泳期间 全年 休 全年无休 设施使用费 500日元（住宿客人免费）
Okuma private beach &resort 国头 MAP 附录 P.3 D-2		☎0980-41-2222 所 国头村奥间913 交 距许田IC 约35km P 有（150个，收费）	游泳时间 9：00～18：00（有调整可能） 游泳期间 3月～10月 休 开放期间无休 设施使用费 750日元（住宿客人免费）
Kanucha Bay Hotels & Villas 名护 MAP 附录P.7 E-1		☎0980-55-8880 所 名护市安部156-2 交 距宜座野IC约35km P 有（300个）	游泳时间 9:00～18:00 游泳期间 4 月～ 10 月 休 开放期间无休 设施使用费 1620 日元（住宿客人免费）
Hotel 日航 Alivila 读谷 MAP 附录P.8 A-4		☎098-982-9622 所 读谷村仪间600 交 距冲绳南IC约18km P 有（250个，收费）	游泳时间 9：00～18:00（有调整可能） 游泳期间 全年 休 全年无休 设施使用费 部分收费
Royal Hotel 冲绳残波岬 读谷 MAP 附录P.8A-3		☎098-958-5000 所 读谷村宇座1575 交 距石川IC约18km P 有（540个，收费）	游泳时间 9:00～18:00 游泳期间 4 月～ 10 月 休 开放期间无休 设施使用费 部分收费

※各项目名称根据酒店不同可能不同
※项目实施期间与时间，可能与沙滩的开放时间与期间不同，请事先向酒店进行确认。

帆伞

翱翔空中，远眺大海

乘船到达指定地点后，进入帆伞，开始项目体验。帆伞会缓慢上升到半空，您可俯瞰碧海蓝天，这壮美景象绝对让您屏息赞叹。

难易度 ★★★★★

照片来源
ANA Inter continental
万座 beach resort

海中漫步

自在的水中行走

不必卸妆，无须摘掉眼镜就可以进行的水中散步。快来和色彩斑斓的热带鱼一同嬉戏吧。

难易度 ★★★★★

照片来源
Okuma private beach&resort

皮划艇

可见水中遨游的鱼儿

装备简单，朝着汪洋大海缓缓前进。由于距离水面极近，因此可以轻松看到海里的一切。

难易度 ★★★★★

照片来源
Okuma private beach&resort

水中观光船 / 玻璃船

轻松可见海底世界

船底为透明玻璃，只需乘船就可以轻松观看海底的奇妙世界。

难易度 ★★★★★

照片来源
Kanucha Bay Hotels &Villas

海中散布	飞行冲浪板	皮划艇	帆伞	香蕉船	划桨船	水中观光船 / 玻璃船
60分钟 9500日元起 (根据季节价格有所不同)	无	**60分钟 5500日元起** （根据季节，活动地点价格有所不同）	**60分钟 1万日元起** （根据季节价格有所不同）	**10分钟 2000日元起** （根据季节价格有所不同）	**90分钟 6000日元起** （根据季节价格有所不同）	**30分钟 3500日元**
60分钟 5400日元	**30分钟 6480日元** （第二次及之后参与的话 20 分钟 5400 日元）	**30分钟 1080日元** （二人一船的价格）	**60分钟 8640日元**	**10分钟 1080日元**	无	**50分钟 3780日元**
60分钟 7560日元	**30分钟 7290日元** （第二次及之后参与的话 20 分钟 5400 日元）	**60分钟 2700日元** （二人一船的价格）	无	**10分钟 1620日元**	**150分钟 7560日元 （项目在 Yao 岛进行）**	无
60分钟 7560日元	无	**30分钟 1080日元**	无	**5分钟 1080日元**	**30分钟 1080日元**	**40分钟 2160日元**
无	**20分钟 7560日元**	**90 分钟 6480 日元** （与野炊项目共同进行）	**60分钟 7560日元** （仅乘船 2150 日元）	**10分钟 2160日元**	无	**30分钟 2160日元**
70分钟 7500日元* (集合地点残波海滩)	无	**30分钟 1030日元** （一人一船的价格、二人一船的价格 1540 日元）	无	**10分钟 1540日元**	**40分钟 3090日元～**	**20分钟 1650日元**
无	**30分 7500日元**	**30分钟 1600日元** （二人一船的价格）	无	**10分钟 1200日元**	**30分钟 1600日元**	**30分钟 1600日元**

*代表全年项目进行地与其他地点不一致。

畅享山原地区自然风光

亚热带丛林探险之旅

庆佐次川红树林划船

被认定为国家天然纪念物的红树林，茂密生长在庆佐次川河口。划着小船漫享自然奇观。

↑生长在海水与淡水交汇处的红树林树根很有特点

SCHEDULE

所需时间2小时 ※下列安排以10:00出发为例

9:45 商店集合。根据潮水高低集合时间可能发生变化，提前出发的情况下请穿着防水衣物。

10:00 在商店报名过后。须参加划船技巧小讲堂。导游会认真为您讲解。

→为确保安全请一定穿好救生衣

10:15 最开始缓慢划行，适应后可以加速享受45分钟的冒险之旅。

→船桨旁边有时候会有鱼儿游过

旅行参团Q&A

Q 参团时的服装以及需要携带的物品是什么呢？

A 乘船以及划船前行时候海水有可能溅到衣服上，因此请穿着防水衣物。不要忘记带换洗衣物与浴巾，可以穿拖鞋上船。划行中水面反射的紫外线有时很强，因此请准备好防晒霜与帽子。女生最好携带一件薄薄的长袖外套。

Q 开始时间为几点？

A 由于在水深较浅的河口附近划行，因此开始时间会受到潮水涨落影响，请在报名时候确认好时间。

Q 如果想当日往返那霸的话，如何规划路线呢？

A 从那霸走高速需要两个半小时，许田IC出发需要一个小时。山路较为崎岖，因此请提前出发。

冲绳本岛中，庆佐次川河口是红树林生长规模最大的区域。让我们共同开启这一沿河划船前行的小型冒险活动吧！本项目最大的魅力就是独木舟十分安全，即使初学者也可安心操作。同时与大海不同，河水无大波大浪。因此可以在平静水面缓缓前行，欣赏沿途亚热带自然风光。红树林根部形状各异，根部生活着丰富多样的生物，比如银身弹涂鱼、提琴手蟹等。一定要仔细观察，不容错过哦！

↑溯流而上，河川渐窄，也缩短了船只与红树林之间的距离

↑可以按照自己的速度缓慢划船前行

↑上下船时船体最不稳定，因此一定不要着急，慢慢来

本店导游多为本地人，因此在给您安排行程的同时可以给您讲述当地的奇闻逸事。

来自东村的导游宫城。他对山原地区自然风光了如指掌，热爱故乡的样子令人敬佩。

庆佐次川红树林划船体验

两小时划船项目让您畅游亚热带特有的红树林。这是一个即使时间不充足也可以轻松体验的好评项目。船桨轻拍水面的声音与野鸟叫声相互呼应，治愈您旅途疲惫中的心灵。

票 4000日元、儿童3000日元、幼儿1500日元、单人参加的情况需另付3000日元
可体验时间 全年（风雨无阻）
所要 2小时（只在涨潮时进行）
预约 需于出发前日18点前通过电话，网站进行预约
参加条件 3岁以上 ●救生衣、独木舟、船桨、保险

山原地区 自然塾

☎0980-43-2571 东 MAP 附录 P.3 D-4
所 东村庆佐次82 营 8:30～18:00（电话预定）
休 全年无休 交 距离许田IC27千米 P 有（15台）

去程可选择穿过小溪到达观光大道的路线

充满生命律动的亚热带原始风景

朝着森林深处的大瀑布前进

比地大瀑布溪流徒步

本项目是可以一边欣赏日本其他地区不常见的亚热带动植物，一边感受自然魅力的徒步之旅。

徒步终点站是位于森林深处的比地大瀑布。步道平整易行，单程步行仅需约45分钟。目的地的瀑布附近的空气中富含负离子，同时瀑布周围的清凉感为您赶走旅途疲惫。

可以见到这样的生物

琉球龙蜥
旅途中可在树干上发现龙蜥

琉球尖鼻蛙
溪流周边生长的琉球尖鼻蛙，近年来它们的数量有所减少

巨型伞蜗牛
从侧面看外壳十分平整的蜗牛

途中有吊桥、岩石场等，山原地区的自然风光尽收眼底

比地大瀑布溪流远足项目

面向登山初学者的丛林漫步套餐，您可以朝着比地大瀑布，与清流同行。同时可以欣赏到周边生长的23种天然纪念物。

票 4000日元　可体验时间 全年(小雨天也开放)　所要 3小时(只在涨潮时进行)
预约 需于出发前日18点前通过电话、邮件、网站进行预约
参加条件 小学生以上　●导游费、保险、环保建设费
集合地 比地大瀑布营地入口(国头 MAP 附录 P.3 E-3)

山原地区 生态旅游研究所
☎0980-41-7966
所 国头村安田248-1　营 9:00～18:00(电话预定)
休 全年无休　交 距离许田IC37千米

旅行参团 Q&A

Q 参团时的服装以及需要携带的物品是什么呢?

A 到瀑布的路上经常会被雨水等淋湿衣物，因此需要提前准备好防水衣物，同时准备适合登山的运动鞋。选择途经溪流路线的游客请准备好水鞋。同时无论哪条路线都不可穿拖鞋。另外夏季蚊子较多，最好准备一件薄薄的长袖外套。同时热带森林中比较湿热，容易出汗，请带好饮品，随时补充水分。

Q 如遇恶劣天气怎么办?

A 如遇大雨强风等天气的话活动可能被迫中止。如果遇活动中止，旅行社会于出发前日18点前与您电话联系。

Q 如果想当日往返那霸的话，如何规划路线呢?

A 从那霸出发到达集合地点比地大瀑布营地入口，走高速的话需要两个半小时，许田IC出发需要一个小时。

史前的雄壮至今未减，
山原人引以为傲的大瀑布

比地大瀑布

国头 MAP 附录P.3E-3

周末除外来游客以外，当地居民与外国人也会前往的人气景点。平整的登山路与到瀑布适中的距离引来了无数游客。

☎0980-41-3636 所国头村比地781-1
开9:00～18:00（最晚入园时间16:00）11～3月9:00～17:30（最晚入园时间15:00）
休全年无休 票500日元、儿童300日元
交距离许田IC约37千米 P有（120台）

⬆瀑布冲击岩石发出阵阵轰鸣，壮美景象令人流连忘返

SCHEDULE 所需时间3小时

9:00 比地大瀑布营地入口集合。了解远足注意事项。此外，也有13点开始的场次。

9:15 出发。去程边听山原地区特有的生态讲解，边欣赏沿途风景，所以需要近两小时才能走完通常步行仅需45分钟的路程。

10:00 途中进入比地川溪流，边戏水边溯溪而上。尤其在炎炎夏日河水会给您带来一丝清凉。

➡途中注意安全

11:00 到达心心念念的目的地比地大瀑布。远眺瀑布，休息15分钟。多多深呼吸空气中的负离子吧！开始回程，约45分钟。

➡瀑布吹来的徐徐凉风给您一整天好心情

这是从美丽海眺望台上看到的景色，近处的边户岬和远处的与论岛都能看到

相传从琉球王朝开始这篇森林就被神灵守护

探寻本岛最北端的别样风景

大石林山徒步

探秘冲绳本岛最北端这一保存着很多圣地的地区，欣赏热带喀斯特地貌创造的奇山怪石。

安须杜群山巍峨耸立，守护冲绳最北端的边户岬。经过25000万年变迁而形成的热带卡斯特地形区拥有超过40个参拜圣地，是冲绳屈指可数的神圣地界。公园屹立在安须杜内，可以自由漫步其中，欣赏奇山怪石，丛林大海。

感受北部自然力量的主题公园

大石林山

国头 MAP 附录 P.3E-1

即使对园内景点没有兴趣，您也可以感受大自然的魅力，尤其是形状各异的岩石群，绝对值得您前去一观。

☎0980-41-8117
所 国头村宜名真1241
开 9:30～16:30(17:30闭园)
休 每周二(若逢国民祝日开园) 票 1200日元
交 距许田IC约55km P 有(85台)

转运石，相传从缝隙钻过三次就可以转运

精神之旅

专业导游全程带队，伴您体验美丽海展望台路线上诸多奇妙而又著名的景点。

票 4000日元 可体验时间 全年 所要 约2小时(13:00)
预约 需于出发前日17点前通过电话预约(预约热线同上“大石林山”)
报名条件:无 参加条件 登山费、导游费
※2017年4月以后的实施细则尚未确定

旅行参团 Q&A

Q 参团时的服装以及需要携带的物品是什么呢?

A 除老弱病残路线以外，未经整修的山路较多，因此需着适合登山的鞋。

Q 如果想当日往返那霸的话，如何规划路线呢?

A 从那霸走高速需要两个半小时，许田IC出发需要一个半小时。驾驶时间较长，请注意不要疲劳驾驶。

相传对妇科病有特效的骨盘石

专业导游为您耐心讲解每一处圣地，初学者也可安心参加

石林之壁，天神与地神碰面的地方，相传其能量石可以帮助转运与祈求成功

大石林山散步路线

山原地区森林路线 约30分钟

漫步于亚热带丛林生长的山原地区。参天榕树与近6万棵苏铁令人难以忘怀。

奇岩·美丽海全景路线

亲身体验2亿年前石灰岩层隆起而形成的世界最北端的热带喀斯特地貌的独特风景。从展望台可以看到边户岬和大海原。

在南国之风中探寻岛上名胜

漫步·观光

SIGHTSEEING

这里不仅有着亚热带森林，还有大桥连接着的小岛群。同时这里还有琉球王国的身影，有着琉球王国的古城与圣地，以及战争留下的印迹。

从南到北，探访这岛上星星点点的名胜古迹，欣赏有独特的地理环境与历史背景所共同创造的冲绳风光。

冲绳的区域划分与观光景点

描绘出理想的冲绳之旅，确认好想探访的景点位置，同时也把握好各地区的地域特色。

那霸与西海岸的避暑胜地是较受欢迎的停留地区

首先先从冲绳观光的停留地区开始游玩吧。

那霸·首里 ➡P.74

那霸机场是日本本岛进入冲绳的大门。穿过繁华热闹的国际大道后，一起去探访世界遗产首里城公园。

琉球王国最大的木造建筑，首里城正殿

人气景点	
	国际大道▶P.74 首里城公园▶P.82

最适合开车出行的沿海区域

西海岸避暑胜地 ➡P.104

沿海一带集聚着很多休闲宾馆，万座毛与残波岬等观海之地不容错过，同时这里的夕阳也十分美丽。

万座毛像大象鼻子一样的岩石

人气景点	
	万座毛▶P.105 残波岬公园▶P.104

比邻清澈透明的大海的国立公园

庆良间群岛 ➡P.52

庆良间群岛由大小20多个岛屿构成，因附近海域清澈的海水而闻名。2014年被认定为国立公园。可当日往返于那霸。

人气景点	
	座间味岛▶P.52 Nagannu岛▶P.56

在白色海滩度过惬意时光

感受原始大自然的魅力

山原地区 ➡P.114

这里亚热带丛林遍布，如果行走在山林之中有时会见到罕见的植物与动物。

远眺红树，划船探险

人气地点	
	边户岬 ▶P. 114 庆佐次川 ▶P. 64

感受美国文化

本岛中部·东海岸 ➡P.106

此处最大魅力所在便是可以感受到美国文化与异域风情了。开车穿过海上公路，在离岛上行驶。

海上公路

人气地点	
	海中道路 ▶P. 110 美滨美国村 ▶P. 108

治愈心灵的圣地与战争遗址
静候您的光临

本岛南部 ➡P.96

这里有可以追悼在战争中失去生命的人们，提醒世人和平来之不易的公园，以及琉球神话中所提到的圣地。

平和祈念堂

人气地点	
	齐场御岳 ▶P. 96 平和祈念公园 ▶P. 98

人气水族馆不容错过

本部半岛·名护 ➡P.112

冲绳美丽海水族馆周边区域以及连接古宇利岛的大桥，此外还有冲绳荞麦面店聚集的街道都不容错过。

欣赏到海洋绝美景色的古宇利大桥

美丽海水族馆的大水槽 鲸鲨在遨游

人气地点	
	美丽海水族馆 ▶P. 44 古宇利大桥 ▶P. 19

从那霸开车出发

冲绳本岛内部交通

冲绳之旅始于那霸机场。冲绳的公共交通工具仅有巴士，出租以及Yui Rail（单轨电车）。当然也有很多人会选择租车旅游。因此出发前了解下冲绳群岛的各主要站点距离所需时间还是有必要的。

连接冲绳南北中心都市那霸与名护，横断本岛中央地域的是冲绳道路交通主干线的冲绳自动车道。这是一条那霸通向中部与北部便利的车道。

那霸与本岛最北端连接的国道58号线构成一般道路的主干道。

周边的小岛与本岛间多数有桥或者道路连接，无论开车飞驰在哪一条海上公路上，其魅力都是不可抗拒的。

巴士路线图请参考 P.172～P.173

冲绳道路线路图

那霸市内便利的出行方式——Yui Rail

连接那霸机场与首里城之间的公共交通工具

冲绳县内唯一也是为人所熟知的铁轨路线，爱称Yui Rail。起于那霸机场，终到首里的Yui Rail横穿市内中心地带。可以说在那霸市内的移动基本上依托Yui Rail。

Yui Rail全程共15站，约13千米，运行时间27分钟。起步价虽为230日元，但是如果在临站下车的话，可以购买150日元的"（一站地）大人票"。运行时间为早6点左右到23:30分左右。白天每10分钟发车一次，人流高峰时期5～6分钟发车一次。如果一天多次乘车的话，可购买自由乘车券（P.170）

冲绳首屈一指的繁华街区与历史悠久的城下町

那霸·首里

なは·しゅり

Naha & Shuri, Okinawa Main Island

漫步在繁华热闹的街道，享受南国之旅的舒适心情

那霸的主干道

漫步从“国际大道”开始

要想买到冲绳特产的话，首先就要打卡这里。道路两边全是贩卖冲绳风情商品的店铺和吃饭喝茶的休憩场所

“国际大道”是什么地方？

被称作“奇迹的一英里”的冲绳国际大道商业街大约长1.6千米。虽然在“二战”中被烧成一片废墟，但是如今的国际大道已俨然变成战后复兴与繁荣的象征。现在的国际大道拥有鳞次栉比的冲绳特产贩卖店，也是游客来冲绳观光度假的必经之地。最近由于增设了免税店，在外国游客间也很有人气。

“国际大道”的名称是来源于“二战”后建成的尼内派尔国际剧场

亦可食用亦可使用的多种雪盐产品

宫古岛的雪盐 国际大道店 P.74 A

MAP 附录 P.16 B-3

蕴含宫古岛自然恩惠的“雪盐”当地商店。商店摆放着由雪盐制作而成的食品、香皂等多种特色商品。

☎098-860-8585
所 那霸市久茂地3-1-1日本生命大楼一层 营 10:00～22:00
休 全年无休 交 乘坐Yui Rail到县厅前站徒步3分钟即可到达
P 无

雪盐冰淇淋（原味）380日元

雪盐FUWAWA（椰子味）360日元

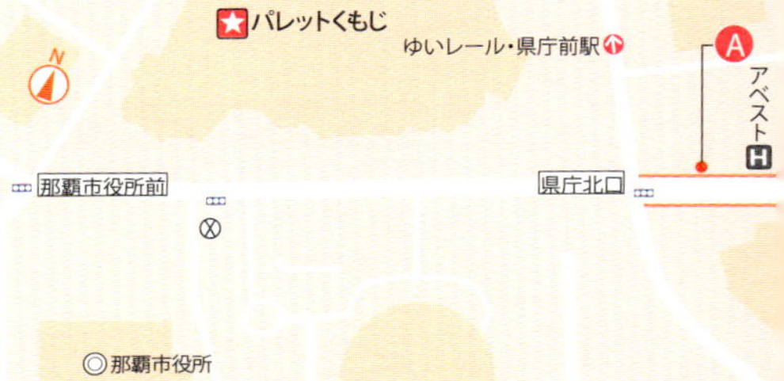

华丽的店内尽享紫薯甜品

御果子御殿 国际大道松尾店 P.75 C

MAP 附录 P.16 B-3

因“元祖紫薯小馅饼”而爆红的御果子御殿内设有咖啡休息区。可以在此品尝到地道的紫薯蛋糕。推荐散步累了在此休息片刻。

☎098-862-0334 所 那霸市松尾1-2-5 营 9:00～21:00
休 全年无休 交 乘坐Yui Rail到县厅前站徒步3分钟即可到达
P 无

以红色为基调的时尚空间

微甜的黑糖与紫薯冰淇淋和糯米粉团的完美搭配。紫薯冰淇淋前菜520日元

想要超人气的水族馆商品就来这里吧！

冲绳美丽海水族馆特色商店

P.75 B

MAP 附录 P.16 B-3

在这里能买到冲绳美之海水族馆销售的超人气的特色商品。没有水族馆那么挤，可以放心自在地挑选自己心爱的商品。

☎098-917-1500 所那霸市久茂地3-2-22 JA梦想馆2层 营10:00～22:00 休全年无休 交乘坐Yui Rail到县厅前站徒步3分钟即可到达 P无

↑与资生堂合作的化妆品“SEA WIND”

→风月堂的双层脆饼。拥有香草、草莓和巧克力三种口味。三盒装1296日元

←造型为红色的海豚和魔鬼鱼。特色书签每个583日元

从传统工艺到现代，汇聚多样民艺品

久高民艺店

P.76 F

MAP 附录 P.17 D-2

始创于1969年。冲绳回归本土前一直守护国际大道的老店铺。店内摆放着以冲绳的陶器和玻璃制品为中心的世界杂货。

☎098-861-6690 所那霸市牧志2-3-1 K2大楼1层 营10:00～22:00 休全年无休 交乘坐Yui Rail到牧志站徒步3分钟即可到达 P无

↑精制玻璃配上手工泡泡形成的绝美稻岭盛吉的茶泡花器16200日元

→绣有特色花纹的名片夹10800日元，芭蕉布小包7560日元

←松田共司的烧制陶器，盘子3240日元（7寸）～8640日元（9寸）

展开幸福之轮的美味树轮蛋糕

FUKUGIYA 国际大道店

P.75 D

MAP 附录 P.16 C-3

在这里可以品尝到使用大量冲绳产的黑糖、盐、蜂蜜和鸡蛋所制成的树轮蛋糕。在店门口还可以欣赏到蛋糕制作的场景，非常有趣。

☎098-863-8006 所那霸市久茂地3-29-67 营10:00～18:00 休全年无休 交乘坐Yui Rail到牧志站徒步8分钟即可到达 P有付费停车位

↑湿皮蛋糕散发紫薯优雅香甜的气味。红木轮（S）1400日元

←特色的硬皮蛋糕拥有外侧脆脆的口感。榕树轮（S）1300日元

→软皮蛋糕含有满满的蜂蜜。福木轮（S）1180日元

简易伴手礼的绝佳选择

卡乐比PLUS

P.76 E

MAP 附录 P.17 D-2

人气零食厂家“卡乐比”的特色商店。可以在此品尝到限定商品及店门口现炸的零食点心。

☎098-867-6254 所那霸市牧志3-2-2 营10:00～21:00 休全年无休 交乘坐Yui Rail到牧志站徒步5分钟即可到达 P无

↑冲绳限定的美丽薯条825日元。使用冲绳产黑糖和三种日本薯类

→热乎乎的现炸薯条。Sweet poteriko310日元

身着夏威夷衬衫感受冲绳风情

PAIKAJI

P.76 G

MAP 附录 P.17 D-2

喜欢夏威夷的话就绝对不能错过的夏威夷衬衫品牌。将冲绳及世界各地的自然特色融为一身的花纹，舒适休闲颇有人气。

☎098-863-5670 所那霸市牧志2-3-1 营10:00～21:00
休周三休息 交乘坐 Yui Rail 到牧志站徒步5分钟即可到达
P无

↑→扶桑丛林花纹衬衫28080日元，短裤21600日元

↓厄瓜多尔本土手工制作，巴拿马草帽23760日元

→花纹口袋的夏威夷衬衫 每件6480日元

将冲绳的传统工艺『红型』伴随每一天

KUKURU 那霸店

P.76 H

MAP 附录 P.17 D-2

摆放了印有色彩鲜艳的红型布制小物件。从设计到制作都是本店独创，使用时心情也会变得神采飞扬。

☎098-943-9192 所那霸市牧志2-3-1
营9:00～22:30 休周三休息
交乘坐 Yui Rail 到牧志站徒步5分钟即可到达 P无

↑色彩斑斓各式各样的冲绳手帕 每件1080日元

→适合包便当的方布(小)1728日元

↓印有冲绳特色的苦瓜和扶桑花的折扇 每个2916日元

从国际大道拐进"市场本通"路后能看到那霸市第一牧志公设市场(P.81)，那里有各种冲绳本地的食材。

恋上充满冲绳魅力的可爱杂货

冲绳之风 P.76 I

MAP 附录 P.17 E-2

这里不仅有独创的招牌商品“琉球帆布”，还有冲绳的艺术家们设计的各式杂货。无论哪件都会让你爱不释手，给自己买东西的游客很多。

☎098-943-0244 所那霸市牧志2-5-2 营11:00～20:00(7～9月10:00开始) 休全年无休 交乘坐Yui Rail到牧志站徒步5分钟即可到达 P无

与插画家pokke104合作的天鹅花纹散步提包7560日元

大容量超好用的条纹日用手提包8964日元

新垣优香设计的多彩红型手提包和子母包

明亮的店铺内摆满充满冲绳自然风情的商品

海想 国际大道店 P.77 K

MAP 附录 P.17 E-2

为了让顾客感受并体验到冲绳的自然风情，店内陈列着各种银质饰品、有机T恤等特色商品。

☎098-863-7117 所那霸市牧志2-7-22 Cosmo大厦1层 营10:00～22:00(周末节假日到23:00) 休全年无休 交乘坐Yui Rail到牧志站徒步2分钟即可到达 P无

使用鲸鱼的牙齿和夜光贝等海洋素材制作的首饰也很漂亮

在品味多样美食之时感受冲绳

国际大道屋台村 P.76 J

MAP 附录 P.17 E-2

这里排满了使用冲绳食材的美食小店，是有名的美食城。也一并设有了解冲绳离岛信息的“离岛市场”。全店免费，可以尽情逐店品尝。

☎依店家而异 所那霸市牧志3-11-16·17 营11:00-翌日2:00(依店家而定) 休依店家而定 交乘坐Yui Rail到牧志站徒步4分钟即可到达 P无

人们一边享受美酒佳肴，一边交谈甚欢地度过欢快的冲绳之夜

飞梅食堂 猪脚味

肉质软嫩的冲绳县产烧猪蹄(左)和最具人气的炸猪蹄(右)

☎090-8292-6740
营11:00～24:00 (LO23:30)

琉球寿司 筑地青空三代目

采用县产和牛等冲绳食材做成的精选琉球寿司10个3500日元

☎070-5690-9333
营11:00～23:00 (LO22:30)

超值商店林立的个性街道

三条时尚小道散步攻略

从国际大道的岔道进去可以发现3条小道。这里全是精致的杂货店、咖啡馆和电影院等。来一家自己喜欢的小店，说不定能碰上心仪的人和物。

樱坂通

与平和通商业街相邻的欢乐街。至今依然保留20世纪60年代全盛期的风貌，最近随着咖啡馆和俱乐部的增多，也吸引了不少年轻人。

印度食堂

MAP 附录P.17 E-3

食堂般轻松品味的正宗印度料理

本店旨在传播印度料理美味，受当地人青睐20年。使用约20种的香辛料制成的咖喱，加入满满的洋葱甜度倍增。可提供多种辣度。

☎098-868-7981 所那霸市牧志3-8-29 营10:00～16:00 19:00～21:00 休周六晚上、周日休息 交乘坐Yui Rail到牧志站徒步9分钟即可到达 P5个

咖喱采用鸡肉、羊肉、豆子、蔬菜、海鲜等25种食材制成

樱坂剧场

MAP 附录P.17 E-3

沉浸在樱坂的氛围悠闲地给自己充个电

“樱坂shinekon琉映”影院倒闭后，在导演中江裕司等人的帮助下得以重新开张。这里除了电影院，还可以悠闲地逛逛咖啡馆和书店，以及杂货铺。

☎098-860-9555 所那霸市牧志3-6-10 营9:30-末场电影放映完 休全年无休 交乘坐Yui Rail到牧志站徒步8分钟即可到达 P无

源于当地，被当地钟爱的影院

FUKURA舍

MAP 附录P.17 E-3

凝聚冲绳制造精神的工艺品荟萃一堂

地点在樱坂剧场内部。陈列着用独特眼光挑选的工艺品。店内除了现代陶艺工人还原后的古代琉球陶制品“温故知新”之外，还有和艺术家们一同合作的作品也值得关注。

在薪窑内烧制的赤绘急须(温故知新 上江州茂生 所制)

从近30处工作室订购的各式作品

冲绳酒器KARAKARA(温故知新陶艺 玉城 所制)

ci.cafumetal work和FUKURA舍的合作商品。场记板胸针5940日元

波边六寸花瓣盘(温故知新陶艺 玉城 所制)

玩具Road Works

MAP 附录P.17 D-3

给身心带来温暖幽默的纸糊小人

将冲绳原有的琉球纸糊人复兴的丰永盛人的店铺。这些将传统的温暖与独特的世界观所融合的玩具，会让你不由自主地笑容绽放。

☎098-988-1439
所 那霸市牧志3-6-2
营 10:00～18:00
休 周日休息
交 乘坐Yui Rail到牧志站徒步8分钟即可到达
P 无

↑↑光看着就让人愉悦的店内，还有冲绳花牌等商品

→忍不住放在身边的鸟彦1944日元

↑冲绳传统的琉球纸糊代表chinchin小马1728日元

新天国通

国际大道的一条背街。在这远离喧嚣的安静小路上，零星分布着一些少有人知的超值咖啡馆和杂货铺等。

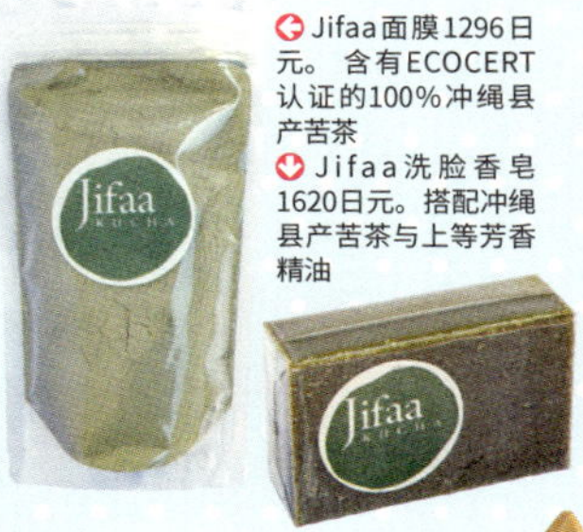

←Jifaa面膜1296日元。含有ECOCERT认证的100%冲绳县产苦茶

↓Jifaa洗脸香皂1620日元。搭配冲绳县产苦茶与上等芳香精油

↑宜野座手工果酱648日元。含有芒果、岛屿香蕉、菠萝等当地水果

tuitree

MAP 附录P.17 D-2

遇见宜人环保的自然之物

齐聚冲绳县内外的艺术家作品、有机食品和亚欧大陆杂货的精品店。

☎098-868-5882
所 那霸市牧志1-3-21
营 12:00～19:00 休 周三、四、日不定期休
交 乘坐Yui Rail到美荣桥站徒步7分钟即可到达 P 无

←50年历史民房的翻修小店

↓仅此可见的独家杂货等芳香精油

→变废为宝的toncati木信箱“cotohanoie”1200日元(左)、“coppacokururu”2000日元起(右)。可以用来放戒指等物品

浮岛街

连接神原大道和国际大道的路段。从战后一直经营至今的老店和宣扬流行时尚的新店铺交错分布。

⇩⇨色彩鲜艳的红型印花T恤。右边“KOMESAN”，下面“HANAMAARU”，每件3888日元

⇦和洋结合的九重葛与蝴蝶花纹红型印花。“带底荷包”1620日元

琉球PIRASU浮岛街店

MAP 附录P.16 C-3

在冲绳的彩绘商品中感受成人的时尚

本店销售和冲绳的红型作家、插画家、摄影师合作的“冲绳风情”商品。最具人气的T恤拥有多款设计，版型和布料也多种多样。

☎098-863-6050
所那霸市松尾2-2-14　营11:00～20:00　休全年无休　交乘坐Yui Rail到县厅前站徒步11分即可到达　P无

⇦冲绳秧鸡的“人字拖鞋”2376日元。单只刻名字另加324日元

⇧同时销售首饰品

MIMURI

MAP 附录P.17 D-3

舒缓心情的南国多彩纺织品杂货

描绘冲绳多彩风景的纺织设计师MIMURI的直营店。主要是以海洋、水果、花、街道的猫等自然为主题的花纹。有着各式各样的提包、腰包、钱包等物件。

☎050-1122-4516
所那霸市松尾2-7-8
营11:00～19:00
休周四休息　交乘坐Yui Rail到牧志站徒步13分钟即可到达　P无

⇦街道猫花纹“挂肩背包”8424日元

⇩摆放着色彩丰富的商品，让人赏心悦目

⇩庭院花纹“蛙嘴钱包”大3240日元，小2700日元

长在冲绳的"美丽食材"的宝库

街边探访 市场

这里是聚集了色形味且个性俱全的多种食材"街边市场"。和热情好客的店家一边交谈，一边感受冲绳的饮食文化吧。

当地人和游客涌动的1楼食材市场。冲绳独特的食材让人光看就欢喜

那霸市第一牧志公设市场

耗时◆约2小时

MAP 附录P.17 D-3

感受亚洲热情，品味美味冲绳！

在冲绳回归本土的1972年建造，现在是众多顾客光临的"那霸厨房"。1层拥有100家以上的小商铺，摆放着色彩鲜艳的海产品、蔬菜、水果和猪肉等。2层设有食堂，可以品尝到用冲绳新鲜食材制作而成的料理。

☎098-867-6560 所那霸市松尾2-10-1 营8:00～22:00 11～3月9:00～21:00 休每月第四个周日休息（依店铺而定） 交乘坐Yui Rail到牧志站徒步10分钟即可到达 P无

想把刚买的鱼和肉直接在市场吃的话

带上去！！

"带上去"是指，把在1层购买的鱼和肉拿到2楼的食堂去拜托他人烹饪（烹饪费自理）。告诉店家自己的预算和口味，沟通时也挑选一下食材和烹饪手法吧。

拥有十几家饭店的2楼，菜单也很丰富

（ 尽情享受街边美食！ ）

荣町市场

MAP 附录P.17 F-2

在昭和的色香中带来全新活力的街道

1955年战后复兴时诞生的市场。在迷宫一样的小路里有肉铺、鱼铺和菜铺等120家店铺。可以亲身体验到当地生活。最近饭店和酒吧渐渐增多。

☎098-886-3979（荣町市场商店街振兴组合） 所那霸市安里381 营休依店铺而定 交乘坐Yui Rail到安里站徒步10分钟即可到达 P无

妈妈开的切丝店

暖帘广场

MAP 附录P.17 D-4

冲绳县民的厨房重新开张

2017年10月开设，将农联市场的店铺转移过来的商业设施。

1层是小卖铺等，2层拥有超过100家饭店等店铺。

☎098-834-7818 所那霸市樋川2-3-1 营休依店铺而定 交乘坐Yui Rail到牧志站徒步15分钟即可到达 P96个

首里城2019年10月30日发生火灾，正殿、南殿、北殿等主要建筑均在大火中被烧毁，本书介绍的内容均为火灾之前的珍贵信息。

首里城公园

琉球王国的首府
首里城 世界遗产

首里城以其鲜艳的朱红色建筑群被视为冲绳的象征。要想了解独特的琉球文化就离不开的地点。踏入华丽的琉球王朝的世界。

游览首里城的绝佳路线!!

耗时◆2小时左右

前往琉球王国的中枢

城内林立着很多反映王宫作用和王族生活风貌的建筑。接下来介绍参观主要建筑物的路线。

从朱门出来迎接

注意点

“守礼之邦”

匾额上书写的“守礼之邦”，意思是“琉球是重视礼节的国家”。这也是守礼门名字的由来

1 守礼门

琉球独特的华丽之门，独具人气的拍照胜地

MAP 附录 P.18 B-3

作为首里城的外门，创建于琉球王国的尚清王时代(1527—55)。别名叫作上绫门，意思是“上方美丽的门”。

2 欢会门

首里城第一的正门

给正门取名为欢会，意为欢迎来访者。也被称为“AMAE御门”，“AMAE”是“欢喜”之意。在拱门之上建着木造望楼。

由此进入城内

龙被认为是国王的象征

3 龙樋

王朝时代的重要遗产

从龙形樋口流出的泉水。在琉球时代曾作为皇宫饮用水。龙头的石雕是1523年从中国带回的。

宛如置身紫禁城的壮阔空间
惊叹于绚丽夺目的豪华装饰

首里城在13世纪末到14世纪中叶被建于那霸市东部的小山丘上。1429年起的500年间左右，这里被视为统治冲绳的琉球王朝的政治、文化中心，成为灿烂历史的一部分。这些融合中日两国建筑特点的朱红色华丽建筑讲述着琉球独特的历史文化，在2000年被列为世界文化遗产。被城墙守护着的城内里，建造着包围御庭的正殿与北殿等重要设施。正殿内部作为君王的私密空间，有被称作“首里城的大奥”的御内原，黄金殿等3处建筑物于2014年开始向公众开放。在1945年的冲绳战争中，城内被烧毁殆尽，时至今日大约恢复了昔日的6成风貌，修复工作依然在继续中。

首里城每日都投射在梦幻的灯光中

每到夜晚，似太阳般耀眼的朱红色首里城就被灯光渲染在梦幻的氛围中。从龙潭可以跨越池塘遥望远处的城墙和建筑群。

首里城的灯光秀

日落~24:00

闭园后因无法进入城内，可以在城墙外参观浏览。

4 瑞泉门

上部建有望楼的坚固大门

首里城第二大门。瑞泉意为“美好吉祥之泉”，名字来源于门前的龙樋。别名叫作“HIKAWA御门”。

创建于1470年间

5 漏刻门

拥有告知时间的水时钟

门上的望楼里设有水时钟(漏刻)。高官们也会在此门前下轿，向国王表示敬意。别名叫作“KAGOISE御门”。

门前也设有日晷计时器

6 西AZANA

眺望海与城

城墙的西侧设有观景台(AZANA)。在这里可以眺望到那霸街市及庆良间诸岛。

从海拔130米处远眺街市，尽收眼底

高栏的狮子

被视为护城之物的除魔狮子共有12只，表情丰富排列分布于高栏之上。

御庭

红白相间的条纹是举行仪式时列队的标志。一直延伸至正殿的红色直线为国王及贵宾通过的浮道。

1 奉神门

到达正殿最后的门

意思为“尊敬神明之门”。对面右侧的屋子用来举行仪式等。穿过此门就到了广阔的御庭。

门的别名叫作“君夸御门”

热门景点

奉神门的三个入口

三个入口里正中央的门只允许国王和中国派来的册封使等地位高的人通过。

2 南殿·番所

色彩朴素的和风建筑

番所是针对前往首里城人员的传达室，南殿用来举行日本式的节日庆典，内部也是日式建筑风格。

展示着王朝时代的美术工艺品

3 书院·锁之间

建筑和庭院是国家的名胜古迹

书院是国王日常的执政室。锁之间用来供王子们休息等待，并设有茶室。

锁之间的客厅。重建于18世纪初

热门景点

休息品味香片茶（类似中国茉莉花茶）

在锁之间可以休息片刻，并品味到冲绳的香片茶和传统点心。不需要预约，人均310日元。

唐破风妻饰

日本寺社建筑风格的唐破风上可以看到雕刻着火焰宝珠、祥云和龙等多种造型。

大龙柱

在石柱上雕出龙的造型是琉球特有的艺术文化。龙的造型在城内随处可见。

6 正殿

冲绳县内最大的木造建筑

国王在举行政务及仪式时首里城最重大的设施。2层3楼建筑，融合中日建筑风格，展现琉球独特的建筑美。石阶两侧竖立着一对龙柱，内部装饰色彩华丽。始建于14世纪末，在冲绳战争中烧毁后重新依据原貌进行了重建。

↑2楼的御差床。豪华制作的国王宝座

↑1楼的御差床。在举行仪式等时候的国王御座

注意点

战前的遗迹

建筑物下保留着战前庭院石头布置的遗迹。可以通过装在1楼地上的玻璃看到。

5 黄金御殿·寄满

国王的私密空间

国王和其家人的私密空间。黄金御殿是国王和王妃的客厅与卧室，寄满是国王膳食的制作之地。

↑现在展示着美术工艺品等

4 奥书院

国王暂时休息的场所

国王在执务期间使用的休息室。和黄金御殿一起在2014年向公众开放。

↓国王一边眺望庭院一边休息

7 北殿

冲绳峰会的晚宴会场

这是行政机关布置的场所。也用于招待贵宾，佩里提督访问琉球时就被邀请至此。

→内部展示着琉球王府等的资料

首里城公园

首里 MAP 附录P.18 B-3

☎098-886-2020(首里城公园管理中心)
所那霸市首里金城町1-2 开08:30-19:00(7～9月至20:00、12～3月至18:00) 休7月第一个周三、四休息 票820日元 交乘坐Yui Rail到首里站徒步15分钟即可到达 P116个

参观信息

免费导游讲解

收费区域的免费导游讲解一周有6次。首里城及琉球的历史、城内的建筑等都有详细的讲解。讲解时间大约50分钟，参加游客人数15名。不需要提前预约，请自由参加。

参观每天早晨的仪式

每天早上开馆5分钟前，在奉神门前会出现琉球王朝时代打扮成官兵的工作人员。宣布开门的仪式约举行15分钟，可以感受到过去的气氛。

观看琉球传统舞蹈

每周三、五～日及节假日时，城内可以免费观看琉球传统舞蹈。舞蹈表演地点为奉神门前的下之御庭(免费区域)，一日3次，每次30分钟。

体验琉球乐器(三线)

挑战冲绳传统乐器三线的体验会在每周六、日及节假日时一日举行2次。地点在免费区域的系图座和用物座，时间大约30分钟。体验者须在10岁以上，按先后顺序5名为止。

确认一年的活动信息

秋天首里城祭的古代列队和正月3天的新春之宴等，这些丰富多彩的季节活动你一定不能错过。可以在官网上时刻确认相关信息。

照片提供:国营冲绳纪念公园(首里城公园)

漫步在石砌坡道

首里街道散步

观赏完王宫的庄严世界之后，来昔日的城下町散个步吧。感受王朝时代历史，沉浸古都风情之中。

所需时间 约1小时

1 首里金城町石叠道

MAP 附录 P.18 A-3

保留城下町风情的街道

这里的石叠来源于16世纪琉球王朝的琉球石灰岩。作为首里城到南部的主干道在冲绳战争中基本被损毁，只留下约300米。街道旁的石壁和红瓦所盖的家家户户颇有情趣，入选为“日本百条道路”。

☎098-917-3501（那霸市文化财课）
所 那霸市首里金城町
交 乘坐公交在石叠入口下车徒步1分即可到达。 P 无

↑在石叠道的分岔路口的石碑“石敢当”是驱魔石。在冲绳和鹿儿岛可见

首里城周边散落的王朝时代史迹巡旅

首里城周边散落着以国王墓的玉陵为首的各处王朝时代的史迹。水边心旷神怡的龙潭和红瓦之家排列整齐的石叠坡道等，散步在如此风情闲适的街道，想从随处可见的遗迹中寻找当年古都的风貌。

途中可在免费的休息站——金城村屋休息片刻

2 首里金城的大红木

MAP 附录 P.18 B-3

国家重点保护的古树

内金城狱的旁边，耸立着5棵高大的红木。据推测，树龄大约200年以上，高度约20米。

☎098-917-3501（那霸市文化财课） 所那霸市首里金城町 交乘坐公交在石叠入口下车徒步2分钟即可到达。 P无

从石叠道进入小径的入口

3 金城大樋川

经过石叠道的人也能使用

MAP 附录 P.18 A-3

王朝时代的生活用水

琉球王国时代的传统共用水井。从岩石内的水路通过管道将水引出。

☎098-917-3501（那霸市文化财课）
所那霸市首里金城町
交乘坐公交在石叠入口下车徒步3分钟即可到达。 P无

4 玉陵

在途中的免费休息地金城村屋休息一会儿吧

MAP 附录 P.18 A-2

宫殿风格的巨大陵墓

1501年尚真王为了父亲开始建造以来，成为历代国王的陵墓。内部有三个房间，国王和王妃及少数亲戚在此长眠。

☎098-917-3501（那霸市文化财课） 所那霸市首里金城町1-3 开9:00～18:00（入场到17:30） 票300日元 交乘坐Yui Rail到首里站徒步15分钟即可到达 P无

售票处的地下设有资料馆

休息地点

古都首里 泡泡茶专卖店 嘉例

MAP 附录 P.18 B-2

“泡泡茶”作为招福的吉祥之物，是诞生在琉球王国时代的冲绳独特的茶道。在品味泡泡茶之时，悠闲地度过岛国时光。

☎098-885-5017 所那霸市首里池端町9 营10:00～18:00（LO17:30） 休周二、三休息（节假日正常营业） 交乘坐Yui Rail到仪保站徒步10分钟即可到达 P停车位5个

带冲绳点心800日元。品味时笑容会情不自禁地展开

最适合在首里散步途中休息片刻

5 龙潭

MAP 附录 P.18 B-2

在池塘边的人行道散步

这是建在首里城西北部的人工池塘。用来接待中国使节供其泛舟做宴。

☎098-886-2020（首里城公园管理中心） 所那霸市首里真和志町 交乘坐Yui Rail到首里站徒步15分钟即可到达 P可使用首里城公园停车场

眺望守里城

历史 从首里之丘回想昔日的时光

时间之旅 穿越回琉球王国

历经冲绳本岛三分天下的三山时代，在15世纪初由尚巴志统一全岛成立了琉球王国。进入近世后，萨摩藩岛津氏入侵并统治流球，其体制延续至明治维新时期。

11世纪末～15世纪

以御城为据点的三个国家

三山时代的琉球

势力强大的各地按司（首长）以御城为据点向外扩张，形成了中山、北山、南山的三山时代（红字）

9～11世纪，在以农耕为基础的社会形态形成之后，各地区出现了被称为“按司”的首长。13世纪势力大的按司各自建起御城，开始了对各地的统治。

根据史实记载，王统出现是在12世纪后期，虽然曾有舜天王统、英祖王统，但是之后国家战乱，被称为三山的三股势力所瓜分。在中山、北山（山北）、南山（山南），各自缔结了和中国明朝的朝贡、册封体制。

15世纪初～后期

琉球王国的诞生

琉球王国的诞生

统一三山的尚巴志以首里为据点，积极扩展与海外的商业交易

继承中山三察度的武宁统治之时，当时还是佐敷按司的尚巴志推翻政权，推其父思绍为中山王，自立为世子。之后，将北山、南山相继吞并，于1429年建立了琉球王国。当时被称为第一尚氏时代。统一三山后的尚巴志，推进首里城的建设，积极发展与海外的贸易往来。

护佐丸·阿麻和利之乱 两名英雄的悲剧

在北山攻略上立下战功的护佐丸身居本岛中部，阿麻和利则以胜连半岛为据点巩固势力。1458年，针对护佐丸的谋反企图，阿麻和利受尚泰久之命对护佐丸进行讨伐。但是，之后自己却准备袭击首里并败给了王府军。究竟谁是忠臣谁是逆贼，是否是为了消灭强大按司而蓄谋已久的企图，至今依然是个谜。

◀右边为英祖王，左边为第二尚氏的尚宁王之墓 YODORE即日语中傍晚海上风平浪静之意

浦添YODORE 浦添 MAP 附录P.13 F-4

13世纪英祖修建的王陵。17世纪尚宁王翻修，自己也被埋葬此处。

☎098-874-9345（浦添GUSUKU·YODORE馆）

所浦添市仲间 开9：00～18：00 休全年无休

票免费 交驾车从西原IC约1.5千米/乘公交到仲间战下车徒步5分钟即可到达 P有（25个）

浦添GUSUKU·YODORE馆

开9：00～17：00 休每周一闭馆（节假日正常开馆）

票100日元

三山势力与主要的御城

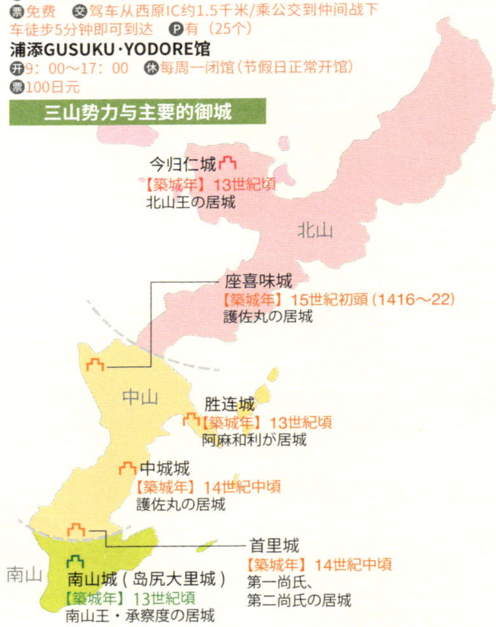

首先探访一下被列为世界文化遗产的5座城堡

前往冲绳的城堡

GUSUKU（城）即为分布在西南诸岛各地的城堡。在三山时代，各地势力强大的按司以此为据点相互斗争。石垣和美丽的拱门组成的城门，以及从城郭上看到的风景都让人赏心悦目。

琉球在12世纪前后迎来GUSUKU时代，各地被称作按司的势力强大的首长建起城堡，相互之间明争暗斗。被称作琉球弧的西南诸岛上大约分布着300处城堡，其中很多都作为要塞或居城，也有人称之为圣域等。1853年驶入那霸港的佩里提督一行被古代的城塞和中城所震撼，并记录下详细的平面图。

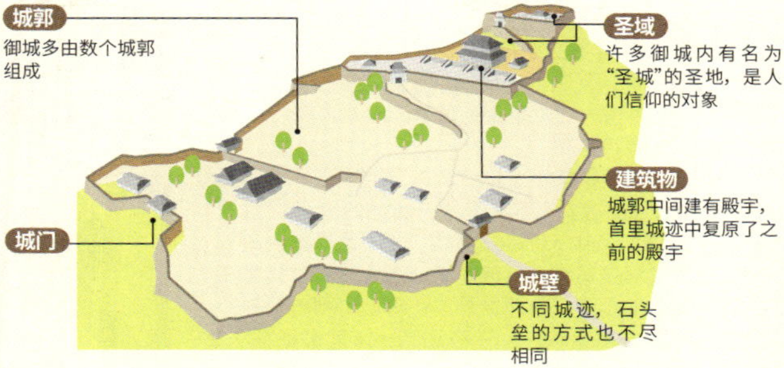

今归仁城迹 世界遗产

今归仁 MAP 附录P.5 D-2

14世纪曾是北山王的居城堡垒。琉球王国成立以后，作为北部地区的要塞设置北山坚守。

☎0980-56-4400 所今归仁村今泊5101 开8:00～19:00（冬季到18:00） 休全年无休 票400日元 交驾车从许田IC约26千米 P停车位308个

座喜味城迹 世界遗产

读谷 MAP 附录P.8 A-4

1416～1422年间，据称护佐丸建造该城。使用拱心石建造的城郭拱门是冲绳现存最久的拱门。

☎098-958-3141（世界遗产座喜味城迹YUNTAN博物馆） 所读谷仁村座喜味708-6 开休票参观时间自由，门票免费，全年无休 交驾车从石川IC约13千米 P停车位36个

胜连城迹 世界遗产

URUMA MAP 附录P.6 C-4

阿麻和利居住过的城堡。城堡呈阶梯状，采用梯郭式建筑设计。从最高处可以远眺到美丽的大海。

☎098-978-7373 所URUMA市胜连南风原 开休票参观时间自由，门票免费，全年无休 交驾车从冲绳北IC约10千米 P停车位39个

首里城迹 ➡P.82 世界遗产

首里 MAP 附录P.18 B-3

建于俯瞰那霸港的丘陵之上。1429年尚巴志统一三山后，在此建立了琉球王国。

中城城迹 世界遗产

北中城 MAP 附录P.11 E-3

14世纪中叶，由先中城建造，1440年护佐丸从座喜味城移封至此，作为其居城。

☎098-935-5719 所北中城村大城503 开8:30～18:00（10月~4月到17:00） 休全年无休 票400日元 驾车从北中城IC约3千米 P停车位50个

南山城迹（岛尻大里城迹）

系满 MAP 附录P.10 A-4

从大里按司到承察度、汪应祖、他鲁每4代南山王掌政之地。其占地中建有高岭小学。

☎098-840-8135（系满市商工观光课） 所系满市大里桃原 开休票参观时间自由，门票免费，全年无休 交驾车从丰见城IC约7千米 P无

15～16世纪

前往璀璨琉球王国之旅
尚真王的时代

出身伊是名岛，在首里服侍王府 金丸就位，开创第二尚氏之王统

征服三山首次统一琉球的第一尚氏王朝，其政权并不安定，依次在1453年发生了围绕王位继承 的“志鲁·布里之乱”，以及1458年发生的由拥有强大势力的按司引起的“护佐丸·阿麻和利之乱”。之后在第7代尚德王去世之后发生了军事政变，由当时的重臣金丸推举，1470年第二尚氏王朝的始祖——尚丹即位。

被认为开创了琉球王国的黄金时代的第三代国王——尚真在1477年即位，此后到1526年61岁去世前的50年间留下了众多丰功伟绩。其中一项就是制定“按司首里集居策”，这是为了削弱各地按司势力，将按司从当地分离令其居住在首里履行职务的制度。除此之外，还有位阶制和职制的完善、祭祀神女制的组织化、玉陵和圆比屋武御狱石门、菩提寺的圆觉寺的建造运营等。

三代尚真王御后绘（镰仓芳太郎摄，冲绳县立艺术大学附属图书·艺术资料馆藏）

分为中室、东室、西室，国王和王妃的遗骸存放在东室

玉陵 P.87

世界遗产

首里 MAP 附录 P.18 A-2

1501年，尚真王为了将父亲尚圆王的遗骸改葬而建，之后成为第二尚氏王统的陵墓。

旧圆觉寺总门·放生桥

琉球临济宗的总本山寺院

首里 MAP 附录 P.18 B-2

尚真王为了凭吊父亲尚圆王的菩提，从1492年起耗时3年建造了圆觉寺。其中的迦蓝迹中还保留着第一门总门（1968年复原）和架在放生池上的放生桥。桥的主柱的柱头上，依然可见精湛的狮子雕刻。

☎098-866-2731（冲绳县文化财课） 所那霸市首里当藏町
开休票参观时间自由，门票免费，全年无休 交乘坐Yui Rail到首里站徒步10分钟即可到达 P无

OMORO草子 传承古代琉球的信仰

“OMORO”为琉球古代歌谣的意思。“OMORO草子”是16世纪到17世纪编纂的共22卷祭式歌谣集。全卷使用琉球方言撰写，是琉球文学的代表神歌集，收录了1554首神歌。

内容包含琉球最高神女闻得大君等神歌、地方歌谣、歌颂英雄及王府礼仪等众多题材。现为了解古代琉球的信仰和民俗、语言等信息的一级资料。

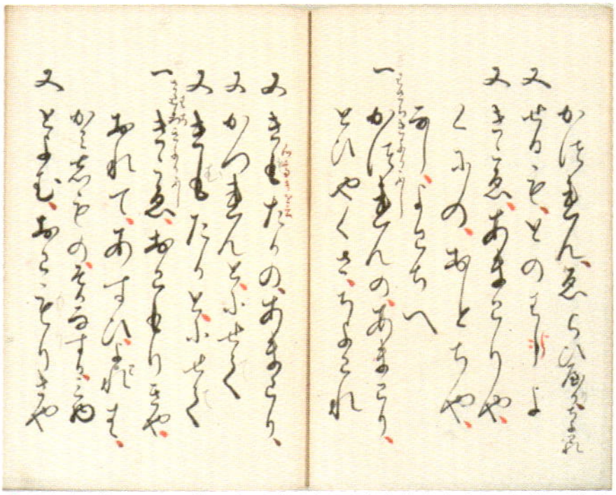

仲吉本“OMORO草子”。歌谣主要采编世家安仁屋家传下的安仁屋本系统的复本（琉球大学附属图书馆提供）

明朝册封体制和海禁令为背景，作为东亚的中介贸易国而繁荣

围绕琉球的大航海时代

从东海到南海。15世纪以后琉球的周边海域内，穿梭着各种贸易船和进贡船。不仅与中国和朝鲜，甚至与遥远的东南亚各国也开展贸易往来。

与中国的关系是册封和进贡的基础

1368年明朝建立后，受华夷思想影响推进与外国的进贡（朝贡、入贡）政策，确立和皇帝的从属关系，并通过册封缔结该国首长需得到皇帝承认的关系。

琉球最初向明朝进贡的是三山时代的中山王察度（1372年），第二代的武宁于1404年被册封。其后，通过和明朝建立的进贡、册封体制使得琉球作为中介贸易国繁荣下去。

⊙进贡船图。描绘着热闹繁盛的那霸港（冲绳县立博物馆·美术馆藏）

位于亚洲海外交易的要冲

明朝虽然只允许与进贡国进行贸易往来，但琉球利用该体制开拓了涵盖中国、朝鲜、日本（坊津、堺等）、东南亚各国的交易通道。

向明朝进贡的贡品中除了有马、硫黄、夜光贝等琉球特产之外，也有刀等日本制品、南方的象牙和香料等，在向我们诉说着琉球通过开展和明朝的进贡贸易，也同时推进与日本、东南亚各国的中介贸易。

识名园

世界遗产

那霸 MAP 附录 P.15 E-4

琉球王家最大的别墅，风格为回游式庭院。建造于18世纪末，用来接待册封使等。

⊙园内的石桥、大角堂等均采用中国样式

☎098-917-3501（那霸市文化财课） 所那霸市真地421-7 开9:00～18:00（10月～3月到17:30）闭园前30分钟停止入馆 休周三休息（周三为节假日的情况次日休息） 票400日元 交乘坐公交到识名园前站徒步1分钟即可到达 P停车位64个

旧崇元寺第一门及石墙

那霸 MAP 附录 P.17 E-1

1527年创立的历代王家灵庙。册封使到访琉球时，在首里城举行的新王册封之前，先在此举行祭祀先王灵位的仪式。

⊙第一门是通往寺内的拱形石门

☎098-917-3501（那霸市文化财课） 所那霸市泊1 开休票参观时间自由，全年无休，门票免费 交乘坐Yui Rail到牧志站徒步7分钟即可到达 P无

17～19世纪

觊觎对外贸易权益的岛津氏

萨摩藩统治下的琉球

隐藏被萨摩藩统治的事实 保持与明朝的册封关系

由于丰臣秀吉的九州平定，萨摩、大隅、日向三地的战国大名——岛津义久于1587年投降。1590年达成全国统一的秀吉决定出兵朝鲜，此时义久重新规划萨摩的财政政策企图统治琉球，并受秀吉进攻朝鲜一事要求加大对琉球的兵役等负担。但是，已经出现财政危机的琉球王国已无可应对的财力，况且对于宗主国明朝的意识很强烈，对于要求只能达到一部分，这也与后来萨摩军侵略琉球有关联。

1598年秀吉病死，1603年德川家康成立江户幕府。当时，家康面临着外交上的多重问题，其中一项就是如何恢复与明朝之间的关系。于是幕府打算利用琉球作为调停国，但由于被王府拒绝，岛津萨摩军向琉球派兵约3000人（1609年）。

尚宁王的军队毫无胜算可言，首里城不久被攻陷，岛津氏在得到德川家康允许后获取了对琉球的统治权。

七代尚宁王御后绘（镰仓芳太郎摄，冲绳县立艺术大学附属图书·艺术资料馆藏）

“首里那霸港图屏风”（部分）。从崇元寺方向远眺圆觉寺和首里城（冲绳县立博物馆·美术馆藏）

19世纪

从萨摩藩到日本政府的统治

处分琉球：王国的解体

从明治政府设置琉球藩开始 到首里城迁出、琉球王国灭亡

岛津氏通过统治琉球使得琉球形成幕藩体制，但是一方面琉球王国依然保持着与中国的进贡、册封体制。明治维新时期的废藩置县政策使得琉球在1872年成为“琉球藩”，不过日本政府内务大臣——松田道之认为一个国家不能再保留另一位国王，于1879年到访琉球，强制执行“处分琉球”，至此琉球王国解体，变成了现在的冲绳县。

内务大臣——松田道之作为琉球处分官对首里王府采取强硬态度（那霸市历史博物馆藏）

羽地朝秀和蔡温 两位伟大的政治家

被称为“琉球五伟人”之一的羽地朝秀（1617～1676）的中文名叫作向象贤，作为第十代尚质和第十一代尚贞王的摄政王，他在政治、经济、社会、文化等众多领域进行了改革。面对岛津入侵带来的混乱疲敝，通过废止奢靡虚礼抑制财政支出，并通过分离行政与祭祀、肃正风纪、取缔官员对农民的不正当行为，谋求农村振兴等。这也被记载在琉球最早的正史“中山世鉴”之中。

继承朝秀这些改革的是三司官——蔡温（1682～1761）。在第十三代尚敬王的王府服侍的蔡温所关心的是：脱离农村地区的疲敝和山林的整顿、缓解城市地区士阶层就业难等问题。

为了重新规划王府的财政，蔡温强化了姜黄等专卖制度，也开展了针对港湾及道路的基础设施建设。

蔡温肖像画（冲绳县立博物馆·美术馆藏）

漫步·观光●那霸·首里

到访琉球外国人所记录的王国时代岛屿上的点滴

外国船只所见到的琉球景色与人民

幕府末期，欧洲各国开始派遣舰队前往东亚。从他们留下的记录当中，我们试着探寻当时的琉球王国究竟是怎样的生活风貌。

欧美船只为何来到琉球?

欧美船只到访琉球有停泊和交易等目的，从15世纪开始，中间的1820年到幕府末期的50年间，到访的船只超过了100艘。这其中包括，约翰万次郎乘坐的商船莎拉·博伊特号和美国佩里提督的舰队。为何如此多的欧美船只要到访琉球呢?

18～19世纪的工业革命引发欧美各国在亚洲亟需扩大市场和拓展殖民地，在此背景下琉球周边开始逐渐驶来很多的外国船只。

访问首里城的佩里提督（那霸市历史博物馆收藏）

让人感觉是在英国很美的地方

1816年英国海军军舰阿尔卡特号和利拉号的来航，在M' Leod的《阿尔卡特号朝鲜·琉球航海记》和Hall的《朝鲜·琉球航海记》中被记录下来。

从这些记录当中，我们能够从当时那霸港的光景感受到“与其说是与文明社会隔绝的岛屿，倒不如说是英格兰最美的地方”，当地居民“拘谨礼貌且内向沉稳”，给人带来好感。对于远跨大洋到访琉球的他们来说，这片南岛风光令人喜悦。

顺便说一下，阿尔卡特号的航海记也曾被江户的文人——大田南亩拜读过。

描绘当时人们身着琉球服装的“婚姻风俗图（部分）”（冲绳县立博物馆·美术馆收藏）

琉球人的身体、性格、好奇心

英国军舰Blossom号抵达那霸停泊长达9天是在Hall到访琉球11年后的1827年，这段航海记叫作《Blossom号来琉记》。

作者司令官Beechey将当地居民的身躯描绘成“平均身高不超过167cm”，性格“与日本本土的人相比不好战，不残忍，也不卑屈”。但是针对Hall所记录的“琉球既没有货币也没有武器”这点，Beechey表示否定。关于这点，1853年到访那霸的佩里也在《佩里提督日本远征记》中否定了Hall的记录。

佩里提督的美国舰队将那霸作为日本开国的据点，其一行也访问过王宫（首里城）。据记录，当时列队“整齐划一，像画中所描绘一样”，居民“在道路两侧挤得满满的”。琉球人所展现出来的好奇心旺盛，在1844年到访琉球的法国传教士Forcade的《幕末日法交流记》中关于手风琴的一章中也有提到。

参考、引用文献

Basil Hall《朝鲜·琉球航海记》1966年 岩波文库

J. M' Leod《阿尔卡特号朝鲜·琉球航海记》1999年 榕树书林

《Blossom号来琉记》1979年 第一书房

《佩里提督日本远征记》2014年 角川Sofia文库

Forcade《幕末日法交流记》1993年 中公文库

西历	琉球纪年	事件
607		隋炀帝派朱宽到访琉球
753		遣唐使阿倍仲麻吕、唐僧鉴真到达阿尔奈波岛（冲绳岛）
1187	舜天 元	**舜天王统** 舜天即位
1260	英祖 元	**英祖王统** 英祖即位。在极乐山建造陵墓（浦添YOUDORE P.88）
1291	32	元军出兵6000讨伐琉球失败
1314	玉城 元	玉玉城即位。从此与三山对立
1350	察度 元	**三山时代·察度王统** 察度即位 **三山时代**
1372	23	明太祖派遣杨载招抚中山王。察度派遣弟弟泰期向明进贡
1380	31	中山向明进贡。南山王·承察度向明进贡
1383	34	北山王·怕尼芝向明进贡
1389	40	中山王派遣完玉芝到访高丽
1390	41	宫古·八重山向中山入贡
1404	武宁 9	明派遣册封使到中山（册封的开始）
1406	尚思绍元	**第一尚氏王统** 尚巴志消灭中山王·武宁，拥其父思绍为王
1416	11	北山王·攀安志被中山灭亡
1422	尚巴志元	尚巴志成为中山王
1429	8	消灭南山，统一三山 **琉球王国**
1453	尚金福 4	志鲁·布里之乱 首里城 P.82着火
1458	尚泰久 5	护佐丸·阿麻和利之乱爆发。铸造万国津梁之钟
1466	尚德 6	尚德远征喜界岛凯旋。琉球使节作为派遣室町幕府德大使拜见足利义政
1469	9	在福州设立琉球馆
1470	尚圆 元	**第二尚氏王统** 金丸就位，称尚圆
1492	尚真 16	圆觉寺 P.90建造
1501	25	玉陵 P.87建造
1516	40	备中德三宅国秀企图征服琉球，但被岛津氏讨伐
1519	43	圆比屋武御狱石门 P.96建造
1526	50	尚真令各按司集体居住在首里
1527	尚清 元	待贤门（现守礼门）P.82建造、崇元寺 P.91建造
1531	5	《OMORO草子》第一卷编纂完成
1571	尚元 16	统治奄美大岛
1589	尚宁 元	尚宁即位
1591	3	琉球拒绝丰臣秀吉因出兵朝鲜命令其增加兵役及使役的要求。提供军队米粮
1605	17	野国总官从福州引进甘薯
1609	21	岛津氏进攻琉球。尚宁王被降 **萨摩藩统治**
1610	22	岛津氏开始担任琉球的地检。尚宁随岛津家久拜见德川家康
1611	23	岛津氏结束地检（89086石）
1616	28	尚丰从萨摩带回朝鲜陶工
1621	尚丰 元	尚丰即位。此后国王即位需得到岛津氏的承认
1623	3	仪间真常首次制造黑糖
1631	11	萨摩藩在那霸设置在番奉行
1634	14	首次向江户幕府派遣谢恩使
1650	尚質 3	羽地朝秀（向象贤）编纂《中山世鉴》
1654	7	禁止其他村落移居首里、那霸、久米村、泊
1660	13	首里城烧毁
1666	19	向象贤摄政
1681	尚贞 13	派庆贺使出席德川纲吉就任将军典礼
1682	14	陶工统一居住在壶屋 P.154
1715	尚敬 3	玉城朝薰被指定为踊奉行
1728	16	蔡温担任三司官，兼任国师
1749	37	此时人口达到约20万
1764	尚穆 13	派庆贺使出席德川家治就任将军典礼
1772	21	爆发瘟疫，死亡4500余人
1790	39	派庆贺使出席德川家齐就任将军典礼
1816	尚灝 13	英国阿尔卡特号和利拉号来航
1842	尚育 8	派庆贺使出席德川家庆就任将军典礼
1844	10	法国军舰阿尔库梅努号
1848	尚泰 元	尚泰即位（最后的琉球国王）
1851	4	约翰万次郎到访琉球
1853	6	美海军提督佩里抵达那霸
1854	7	佩里第四次到琉球，签署琉美修好条约
1855	8	琉法修好条约签署
1859	11	琉兰修好条约签署
1866	19	最后的册封使到访琉球
1871		废藩置县设置鹿儿岛县。琉球处于其管辖下
1872		设置琉球藩。尚泰成为藩王 **琉球藩**

了解冲绳的历史与文化

冲绳在与外国的交流历史中形成了自己独特的文化。通过接触传统艺术和工艺品，来感受一下它的魅力吧。御城等被列为世界遗产，这样的重要史迹也一定要去参观一下。

冲绳县立博物馆·美术馆（OKIMYU）

讲述冲绳独特的自然地理和人们的生活风貌

博物馆广泛介绍了冲绳的历史与文化、自然等方面。美术馆则主要展示了冲绳出生的作家及与冲绳有关联作家的作品。在此可以深刻了解到冲绳的方方面面。

那霸 MAP 附录 P.19 E-2

☎098-941-8200 所那霸市OMORO町3-1-1 开9:00～18:00(周末到20:00)闭馆前30分钟停止入馆 休周一休息(节假日、调休日、慰灵日的情况次日休息)、其他时间不定期休息 票博物馆常设展门票410日元、美术馆收藏展310日元(其他费用另算) 交乘坐Yui Rail到OMUROMACHI站徒步10分钟即可到达 P停车位159个

博物馆内常年展示旧首里城正殿钟(国家指定重要文化遗产)

可以在体验室免费体验冲绳传统服装

传统工艺馆内的琉球玻璃制作体验活动

那霸市文化中心馆/那霸市传统工艺馆

在国际大道的中心感受冲绳的传统文化

设在那霸多功能中心设施内。文化中心馆内可以欣赏到传统艺术表演及进行文化体验，传统工艺馆内可以欣赏到工艺品展示及进行手工体验。

那霸 MAP 附录 P.17 D-3

☎那霸市文化中心馆098-868-7810/那霸市传统工艺馆098-868-7866 所那霸市牧志3-2-10 开文化中心馆9:00～22:00(周一到18:00)；艺术表演时间每周四17:00开始和19:00开始(*需要预约)；传统工艺馆9:00-18:00(17:30后停止接待、工艺品销售处到20:00) 休全年无休 票文化中心馆艺术表演门票1500日元/传统工艺馆展示室310日元、作坊体验2570～3240日元 交乘坐Yui Rail到牧志站徒步4分钟即可到达 P收费停车位81个

冲绳国立剧场

可以欣赏到多种多样的冲绳传统艺术表演

冲绳国立剧场可以欣赏到为了欢迎中国来的册封使而创作的歌舞剧《组踊》，以及琉球舞踊、琉球音乐、民间艺术等。也设有表演节目相关的资料展示室。表演日程可以事先在剧场官网上确认。

浦添 MAP 附录 P.14 C-1

☎098-871-3350
所浦添市势理客4-14-1
开10:00～18:00、电话预约10:00-17:30
休全年无休 票表演门票费用按具体表演节目而定，展示室免费。 交驾车从那霸IC约7千米/从那霸机场约8千米 P停车位209个

2100日元可欣赏到普通公演

组踊为日本国家重要非物质文化遗产

冲绳的世界遗产 ［琉球王国城堡(GUSUKU)及相关遗迹群］

件名	概况	所在地	记载页码	附录地图及位置
首里城迹(首里城公园)	正在复原的琉球王国王城。王族曾经的住所	那霸市	P.82	MAP 附录 P.18 B-3
中城城迹	从北中城村到中城村建造的高台	北中城村	P.89	MAP 附录 P.11 E-3
座喜味城迹	15世纪初由护佐丸建造的本岛中部城堡	读谷村	P.89	MAP 附录 P.8 A-4
胜连城迹	建于胜连半岛的丘陵之上。曾是阿麻和利的居城	URUMA市	P.89	MAP 附录 P.6 C-4
今归仁城迹	位于本部半岛，于13世纪建造而成	今归仁村	P.89	MAP 附录 P.5 D-2
齐场御岳	琉球的始祖建造的冲绳最高圣地	南城市	P.96	MAP 附录 P.10 C-3
圆比屋武御岳石门	国王离开首里城外出时用来祈祷路途安全	那霸市	P.96	MAP 附录 P.18 B-2
玉陵	位于首里城附近，第二尚氏王统历代陵墓	那霸市	P.87	MAP 附录 P.18 A-2
识名园	琉球王家最大别邸。用来王家修养和招待册封使	那霸市	P.91	MAP 附录 P.15 E-4

畅游旅游圣地与南部战争遗迹

本岛南部

Southern Area, Okinawa Main Island

尽情享受阳光浴
感受彼岸，虔诚祈祷

置身于圣地领略冲绳岛的魅力

踏上琉球起源之地

琉球创世神话中出现的各路神仙居住的圣地。大自然的鬼斧神工创造出了如此梦幻的美景。空气中弥漫着庄严，尽情感受热带岛屿给我们带来的心灵震撼。

齐场御岳中给人印象深刻的三角形隧道

齐场御岳 世界遗产

Sefa utaki

南城 MAP 附录 P.10 C-3

延伸至丛林深处的冲绳首屈一指的圣地
眺望岩石对面的神仙之岛

在岛上的多个御岳中，齐场御岳的地位最高、最为神圣。王朝时代，权位最高的女神官闻得大君的即位大典以及国家公祭大典等都在这里举行。丛林中弥漫着神圣的空气，这里有6处举行礼拜和庆典的参拜之地。

三库里 Sangui

两块巨大的岩石形成了一个三角形的洞门，透过洞门可供我们虔诚祈祷的空间无限延伸。

从三库里，我们可以眺望被敬为神岛的久高岛。

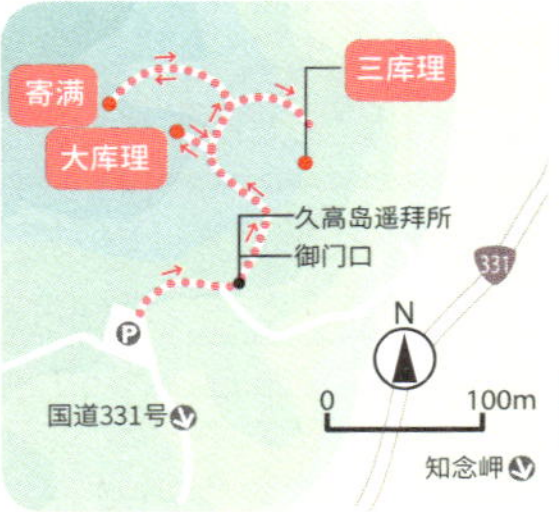

☎098-949-1899（绿之馆·Sefa）
所 南城市知念字久手坚
开 9:00～18:00（售票截止时间17:15）
休 旧历的5月1~3日、10月1~3日（每年会有所变动） 票 300日元
交 距离南风原南IC约16km
P 有（可使用南城市地域物产馆停车场）

寄满 Yuinchi

在当年的王府中，寄满就是"厨房"的意思，如今被奉为祈祷农作物丰收的参拜之地。

大库理 Ufugui

大库理就是宽敞的大厅的意思。在巨大的岩石前面摆放有石块，这就是祭祀之所，当时主要在此举行重要的国家庆典。

图片出处：南城市教育委员会

何为御岳

在冲绳，神圣的密林，即神仙降临之地被称为御岳。这里供奉着神仙降临时依附的树木和岩石。冲绳各地的村落里都有供奉守护一方平安之神的御岳，数量多达800处以上。

园比屋武御岳石门 世界遗产

Sonohyan utaki ishimon

首里 MAP 附录 P.18 B-2

守礼门附近的一处御岳之门。国王在外出之时，必到此地进行祈祷，以求旅途平安。

☎098-917-3501（那霸市文化财产课）
所 那霸市首里真和志 首里城公园内
交 单轨电车Yui Rail·首里站步行15分钟 P 有（可使用首里城公园停车场）

伊敷浜
Ishikihama
装有五谷种子的五谷之壶漂流至此，伊敷滨就被尊为冲绳的五谷发祥之地。

久高岛
Kudakajima

南城 MAP 本书P.3 F-3

诸多祭神之事在此举行，有神之岛的美誉 可利用出租自行车环岛骑行

方圆8km的小岛。传说琉球的创世之神阿摩美久（Amamikiyo）在此降临，久高岛直通大海远方众神的乐园龙宫，因此，整个岛屿被尊为圣地。这里也是琉球七大御岳之一，FUBO御岳等参拜之地就在久高岛上，岛上还有多处神话中的传说之地。

☎098-835-8919（NPO法人久高岛振兴会）
票 轮渡单程670日元，快船单程760日元
交 从南风原北IC到安座真港大约14km / 从安座真港搭乘轮渡25分钟，快船15分钟

安座真港出港时间		久高岛出港时间	
09:00	快船	08:00	快船
10:00	轮渡	09:00	轮渡
11:30	快船	11:00	快船
14:00	轮渡	13:00	轮渡
15:30	快船	15:00	快船
17:30（夏季）	轮渡	17:00（夏季）	轮渡
17:00（冬季）		16:30（冬季）	

SHIMASHI
众神前往乐园龙宫之时，在此海滨停靠。

御殿庭
Udounna
供奉冲绳岛创世之神百名白樽（Shirataru）的宫殿。这里也是永良部海蛇（Yirabu）的熏制之所。

YAGURUGA
圣水涌出之井。在祭祀大典开始之前，神女使用此井中的圣水进行祓禊。

阿摩美久的琉球创世神话

1650年编撰的琉球首部历史著作《中山世鉴》中记载了琉球创世的故事。天帝（天宫最高神）命令住在天宫的女天神阿摩美久前往人间，在人家创造一个岛屿。

天神阿摩美久来到人间之后，首先创造了7个御岳（圣地），分别是安须森（国头村）、KUBA（今归仁村）、齐场（南城市知念）、薮薩（南城市玉城）、雨粒天次（玉城城内）、FUBO（久高岛）、首里城首里森7个岛屿。当岛屿出现在人间后，便有1对男女天神降临到岛上，最终女神生下了3男2女。长子成为琉球王（天孙氏），次子成为按司（地方官），三男成为农夫，长女成为大君（神女），次女成为呪（巫女），他们5人分别成了各个行业的始祖。阿摩美久将谷物的种子撒向大地，于是岛上就有了农耕作业，人们开始了新的生活。

冲绳各地都有供奉创世之神阿摩美久的圣地。其中，久高岛被尊为阿摩美久降临人间后首先在此播种五谷种子之地。当然，在冲绳的各个岛屿或者地域，关于琉球创世的神话故事也都有不同的说法。

↑阿摩美久为了在人间造岛，从天宫降临时首先在久高岛的Kaberu岬落脚

GANGARA谷

南城 MAP 附录P.10 B-3

这里是古代人居住的亚热带森林，在此可以感受到秘境探险的神秘与刺激

这里是钟乳洞坍塌落下形成的山谷。山谷里是长满榕树等大型亚热带植物的丛林。这里还能观赏到大约在2万年前在此生活过的古代人留下的遗迹。参观山谷，必须由专业的导游带团进入。请务必提前预约。

☎098-948-4192
所 南城市玉城字前川202
开 9:00～18:00（提前预约）带团参观时间为10:00、12:00、14:00、16:00（大约需要1小时20分钟） 休 无
票 随团2200日元
交 公交车·玉泉洞前下车，步行约2分钟/距离南风原南IC约6km
P 有（可停车30台）

→巨大的榕树，根须从上面垂下来。请穿上适合户外活动的鞋前往

冲绳大战的终结地

这片现在看起来静谧美好的土地，当年却是冲绳大战宣告终结的地方。

这里是牺牲了20万余人的冲绳陆战纪念地的代表性地区。军司令部被悬崖阻断了后路

冲绳之战最后的激战地

悼念战争死难者以及祈祷和平

平和祈念公园

从冲绳大战中美军的登陆点阿嘉岛以及两个被轰炸的地方取的火种，意为和平之火

系满 MAP 附录 P.10 B-4

传达世界和平、充满绿色和海洋的休息地方

冲绳岛之战最后一场恶战发生在系满市摩文仁，经过修整后成了现在的县营都市公园。在大约40公顷的广阔花园中，战争死者的墓碑、全国各府县的慰灵塔、讲述冲绳战争的资料馆、为战争死难者祈福以及祈祷永远和平的和平祈祷雕像散布其中。这是一个祈祷死者得到赦免和世界永久和平的地方。现在这个公园是一个充满绿色、可以眺望悬崖脚下的大海，以及放松心灵的地方。

☎098-997-2765 所系满市摩文仁 开8:00～22:00 休无休 票免费 交距离丰见城·名嘉地IC约14km P有(545台)

参观学习 information

公园导游

可以听着导游的讲解游览公园。从Web Site上下载申请表，提前通过FAX申请。1个团队5000日元起。

园内巴士

从公园入口的问讯处起，环绕园内各个主要的景点，一直到麻文仁之丘为终点。9点~17点之间每30分钟一班。每次乘车100日元。

冲绳县平和祈念资料馆

通过各种史实资料以及幸存者的证词影像等，详细地介绍冲绳大战的历史。

☎098-997-3844 开9:00～17:00(常设展示室入场时间截止到16:30) 休无休 票300日元

冲绳平和祈念堂

超越人种、国家、宗教的祈祷世界和平的地方。设置了和平纪念雕像。

☎098-997-3011 开9:00～17:00(最终入场时间) 休无休 票450日元

和平碑

不论国籍，不论军人还是平民，刻着在冲绳大战中24万余人的死难者姓名

姬百合塔 姬百合和平纪念资料馆

系满 MAP 附录 P.10 A-4

此塔为姬百合学生的亡灵栖息地

在冲绳岛战役中亡故的姬百合学生的纪念碑。在附属资料馆中，介绍了战场上的情形和幸存者的图像和笔记等。

☎098-997-2100 所系满市伊原671-1 开资料馆9:00-17:25(入场时间截止到17:00) 休无休 票免费(资料馆310日元) 交距离丰见城·名嘉地IC约12km P无

可以在第4展示室的阅览记录的证词

姬百合塔和姬百合和平纪念资料馆

照片出处：姬百合和平纪念资料馆

旧海军司令部壕

丰见城 MAP 附录 P.10 A-3

☎098-850-4055 所丰见城市丰见城236 开8:30～17:30(10月-次年6月8:30-) 休无休 票440日元(资料馆免费) 交距离丰见城IC约3km P有(100台)

地下壕司令部仍然保持原样

保存了日本海军挖掘的地下司令部。原本450米的战壕中恢复并开放了大约300米。还有一个展示文物的资料馆。

战壕内可以容纳约4000名士兵

历史

全岛作为战场。很多被征兵的学生、平民都牺牲了

冲绳大战——长达三个月惨绝人寰的战事

1942年6月，在中途岛海战中大败于美军的日军为了防守南西诸岛，让守备军驻守冲绳。由于1944年受到了猛烈的“10·10”空袭，冲绳的陆地战不可避免地发生了。

1944年
2月～

第32军的作战计划更改为持久战

冲绳守备军

正规军人动员防卫队和中学生以上的学生兵，学生兵的死亡人数为1200多人。

冲绳守备军（第32军）成立于1944年，为盟军登陆做准备。该部队约有86400名正规部队，10000名海军，除去防卫队和学生兵。学生兵的女学生组成“从军看护队”，姬百合学生兵和Hakumei学生兵归属于此。

冲绳守备队的作用是将美国军队拖在冲绳岛，为了能够拖延袭击本土的时间，本岛南部不得不改变作战策略，开展持久战。

1945年
3月26日～
9月7日

从陆地战开始到战争结束的过程

三个月的陆地战

陆地上的火焰喷射器和手榴弹的攻击，海上的舰炮射击，空中的机枪扫射。

1945年3月26日，美军从庆良间诸岛登陆，由此开始了冲绳陆地战。4月1日从本岛中西部开始进攻冲绳本岛。此后北部和中部的飞机场被占领，20日北部全境失守，21日伊江岛也被压制了。

另一方面，美国的主力部队从日军司令部所在地首里的东西北三侧发起进攻，导致5月下旬首里沦陷。守备军不得不从南部的摩文仁撤退。6月中旬，3万日本军和10万居民被迫驱赶到南部。在这期间，发生了很多悲惨的事情。6月23日，守备军的牛岛满司令官在摩文仁的洞穴里自裁，至此日本军队的有组织性的战争结束，但不乏继续抵抗的部队还在继续战斗。

8月14日，政府接受了波茨坦公告。9月2日在密苏里号战列舰签订了投降书。冲绳的日军正式签订无条件投降书是在9月7日。届时冲绳大战的居民已经牺牲了超过15万人。也就是说当时冲绳人口的大约四分之一都不幸遇难了。

公元	日本年号		事件
1879	明治	12	3月，松田道之来到琉球。废除琉球藩，设置冲绳县。合并琉球 **冲绳县**
1899		32	12月，第一次夏威夷移民团体，从那霸港出发
1905		38	11月，《冲绳新闻》创刊
1925	大正	14	**首里城正殿** P.85 被认定为国宝
1931	昭和	6	9月，九一八事变
1944		19	8月，牛岛满中将任职第32军司令官。10月，10·10空袭
1945		20	3月，第二次召集防卫兵。动员17~45岁的男子，师范、中学、高等女子学校的学生都归属于部队。美军在庆良间诸岛登陆。4月，美军登陆冲绳岛。5月，第32军司令部被美军占领。6月，大田实率领的海军全军覆没。牛岛满司令官自裁，日军组织性战役结束。8月，接受波茨坦宣言，日本战败。设立冲绳咨询会
1946		21	1月，GHQ、日本和南西诸岛的行政分离 4月，设置冲绳咨询会、冲绳民政府 **美军占领下**
1950		25	11月，包括奄美群岛等4个地区的政府改组为冲绳群岛政府。12月，美国政府将冲绳管理机构从美国军政府改组为琉球列岛美国民政府
1951		26	9月，San Francisco和平条约——日美安全保障条约签订（次年条约生效） **美军政权下**
1952		27	4月，设立琉球政府
1958		33	9月，通行货币由日元改为美元
1968		43	11月，在公选主席选举中屋良朝苗当选
1971		46	6月，签订返还冲绳协议
1972		47	4月，建立冲绳自卫队。5月，冲绳交日本管辖 **日本管辖**
1975		50	7月，开展冲绳国际海洋博览会
1995	平成	7	6月，设立**平和祈念公园** P.98中的和平纪念碑
2000		12	7月，在名护市主办八国集团首脑会议 12月，**琉球王国的御城以及相关遗产群** P.95 被认定为世界遗产

DRIVE OKINAWA

奔跑在NIRAI KANAI彼岸、眺望神之岛

放飞身心自驾游

眺望神话之地——久高岛的南岸路线。一边在绝美海岸兜风，一边去探索本岛南部散布的祈祷之地。

5 NIRAI桥·KANAI桥

南城 MAP 附录 P.10 C-3

可以在车上广角欣赏海景

在超大U形弯道的桥上，能够一眼望到久高岛浮在太平洋上的全景。

所 南城市知念
交 距离南风原北IC约15km
P 除展望台以外的桥上其他地方禁止停车

1 系满市中央市场

系满 MAP 附录 P.19 E-4

位于渔民街的幽静厨房

保留着古朴氛围的市场。新鲜鱼类、蔬菜价格适中。

各式各样的特色鱼糕

☎ 098-840-8137（系满市商工观光科）
所 系满市系满989-82
营 7:00～18:30左右
休 周日、国家法定公休日 交 距离丰见城·名嘉地IC约6km P 有（公共停车场）

各种菜式750日元起

商店街cafe naminami

系满 MAP 附录 P.19 E-4

餐厅内料理使用的几乎全是冲绳本地食材，放心食用。希望您和家人一起体会享受美食的乐趣。※2018年由于市场重建期间停业（请到网站主页确认）

☎ 070-5532-0503 所 系满市系满989-83 营 11:30～16:00（Last Order 4:30） 休 周日、周一、周二

2 平和祈念公园

系满 MAP 附录 P.10 B-4 ➡P.98

系满和平愿望的地方

在冲绳战争中战斗最为惨烈的激战地——系满市摩文仁建立的公园。公园内设有日本各府县的慰灵塔、国立冲绳阵亡者墓碑、资料馆、冲绳纪念堂等。

每年6月23日举行阵亡者追悼仪式

3 冲绳世界文化王国 玉泉洞

南城 MAP 附录 P.10 B-3 ➡P.102

在大型设施中体验冲绳文化

介绍冲绳自然和历史文化的观光主题公园。可以观看SUPER EISA太鼓舞表演和轮毂秀，参观钟乳洞、体验传统工艺等。

玉泉洞是日本最美的钟乳洞

Nirai Kanai意为彼岸的理想之乡。从县道86号下坡时可以瞭望绝美景色

4 奥武岛

南城 MAP 附录 P.10 C-3

有名的海神祭

小岛周长约1.6km，通过150m长的桥与主岛相连。岛上有鲜鱼店、天妇罗店等等。

所 南城市玉城奥武
交 距离南风原南IC约10km

小岛的渔港可以品尝到炸鲜鱼

还可以顺便去一下

中本鲜鱼天妇罗店

MAP 附录 P.10 B-3

这是一间渔夫经营的天妇罗店。创业以来一如既往地提供美味季节性鱼类和时令蔬菜。

☎098-948-3583 所 南城市玉城奥武9
营 10:00～18:30（10-3月，10:00-18:00）
休 周四 交 距离南风原南IC约10km
P 有

种类丰富、价格便宜的天妇罗 65日元起

店长寄语：最推荐的是什锦炸虾哦！

6 知念岬公园

南城 MAP 附录 P.10 C-3

海风舒适的绝佳观景点

位于知念岬东端的风景区。沿着海滨长廊走到岬的尽头，可以享受无尽的碧蓝大海。

☎098-948-4660（南城市观光协会） 所 南城市知念久手坚 交 距离南风原南IC约16km P 有（50台）

从停车场走到岬的尽头需要5分钟

7 齐场御岳 世界遗产

南城 MAP 附录 P.10 C-3 ➡P.96

举行王朝各种仪式的圣地

在琉球神话中出现的，冲绳最重要的圣地。可以到散布在森林里的参拜点走走。

森林中弥漫着神圣的气息

所需时间◆约2小时40分

推荐自驾路线

从那霸机场沿海岸线环绕南部，是比较简单明了的路线。不过系满市·与那原町的国道331号交通拥挤，有可能出现堵车的情况。而且奥武岛等一些村落内的道路狭窄，需要时刻小心。另外，虽然NIRAI桥·KANAI桥可以看到宛若仙境的广阔美景，但是要注意桥上有类似发夹一样的高低差坡道。从南风原北IC开始到那霸机场的高速公路是免费的，请遵照指示返回机场。

那霸机场

⬇ 国道331号、县道231号 11km/28分钟

1 系满市中央市场

⬇ 国道331号 9km/18分钟

2 平和祈念公园

⬇ 国道331号、县道17号 7km/13分钟

3 冲绳世界文化王国·玉泉洞

⬇ 国道331号、县道17号 4.5km/8分钟

4 奥武岛

⬇ 国道331号、县道137号、县道86号 10km/20分钟

5 Nirai桥·Kanai桥

⬇ 国道331号、县道86号 2.4km/6分钟

6 知念岬公园

⬇ 国道331号 850m/5分钟

7 齐场御岳

⬇ 国道331号、那霸机场自动车道、县道231号 30km/55分钟

那霸机场

充满冲绳魅力的主题公园

冲绳世界文化王国 玉泉洞

南城 MAP 附录 P.10 B-3

☎ 098-949-7421
所 南城市玉城前川1336
开 9:00～18:00（17:00后停止入场） 休 无休
票 包含全部区域成人1650日元，儿童（4~14岁）830日元 交 距离南风原南IC约6km P 有（400台）

这里有令人兴奋的表演和传统工艺的体验工房

在这里可以亲身体验冲绳的自然、历史、文化魅力。在红瓦屋顶的街道延续的琉球王国城下町，可以体验“红型”色染和制纸等丰富多彩的传统工艺。还可以观看SUPER EISA太鼓舞和轮毂秀等备受欢迎的表演，在玉泉洞参观钟乳洞，享受冲绳美食。

公演

跃动感十足、强有力的EISA太鼓舞和狮子舞等丰富多彩的传统文艺表演汇聚一堂
所 EISA广场 开 10：30、12：30、14：30、16：00（每天4次）

琉球王国城下町

再现古老冲绳的街道。可以在工房制作可爱小物件、体验旧式服装。
票 王国村入场券成人620日元，儿童310日元（体验门票另收费）

制纸工房的吉祥物，琉球的海君在等待您大驾光临

Bugubugu茶屋

在这里喝着充满白沫的Bugubugu泡茶休息一下。

传统工艺体验

红型工房

制作颜色鲜艳的红型色染的杯垫或者包包。1080日元起。

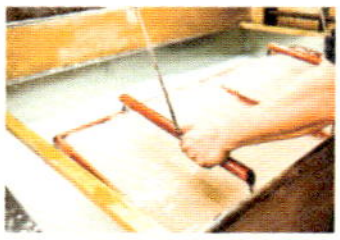

制纸工房

用琉球和纸制作明信片，万花筒甚至是灯具。520日元起。

蓝染工房

体验传承至今的琉球蓝染，制作手帕或包包。1080日元起。

织布工房

用织布机织出可爱的书签或是背带。800日元起。

南都酒造所

汇集啤酒酿造所和商店，有使用100%珊瑚水酿造的风味浓郁的《OKINAWA SANGO BEER》。设有试饮专区。除此之外，还有加入草药的蛇酒，用冲绳产水果酿造的Shima no Nagomi。

OKINAWA SANGO BEER
有SAISON、ALT、KOLSCH、IPA、BLACK ALE 5种啤酒。

Shima no Nagomi
有杧果、菠萝等四种口味。

玉泉洞

日本国内最大的钟乳石洞，有100万个以上钟乳石。闪耀的青泉和奇形怪状的石头形成了梦幻般的风景。
票 成人1240日元，儿童620日元（包含王国村入场券）

位于濑长岛西岸，距离那霸机场非常近的白色购物广场

Gourmet

这里有包括县内非常受欢迎的餐厅和能品尝到本地食材的21家饮食店。既可以眺望大海又可以进餐的露台座位充满了开放感。并且有丰富的外卖食物和饮料，可以边散步边享受美食。

Big Hamburgers -CHIMUFUGASU

压卷的汉堡，正如店名，用冲绳的语言表达就是让您满足。
营 10:00～21:00

冰淇淋咖啡店 moa moa

创业40年的路边冰淇淋店。独一无二的限定口味也很受欢迎。
营 10:00～21:00

Volare SENAGAJIMA

意大利厨师制作的方形比萨饼，售价100g 300日元起。
营 10:00～21:00

Shopping

布满首饰和时尚杂货的商店。请把优质时尚的冲绳制物品作为旅行的纪念带回家吧。

Event

背靠大海的活动舞台上，举办各种表演和演唱会。

TESHIGOTO

讲究手工制，售卖帆布和皮革包包。
营 10:00～20:00

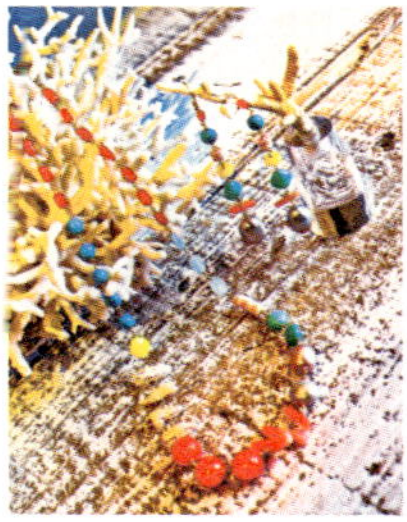

BRANCHES

TILLA EARTH的姐妹品牌Laber用原创珠宝把石垣岛的自然表现出来。色彩鲜艳的首饰非常适合度假村的时尚。
营 10:00～20:00

濑长岛Umikaji Terrace

丰见城 MAP 附录P.10 A-3

感受着冲绳的海风在度假岛购物

2015年8月，在濑长岛开业的商业设施。白色建筑物排列在俯瞰美丽大海的斜坡上，给人地中海度假胜地的印象。享受海上活动，尽情放松自己。推荐和相邻的“琉球温泉龙神之汤”一起参观。

☎098-851-7446
所 丰见城市濑长174-6
营 10:00～21:00（店铺有所不同）
休 无休
交 距离那霸机场航站楼约6km。Yui Rail赤岭站、Palette kumoji前有专线巴士运行。
P 有（80个）

以夕阳美景闻名的海滨

西海岸度假区

West Coast, Okinawa Main Island

从北谷到名护，开车穿越度假区

可以顺便去一下

A & W美滨店

MAP 附录P.11 D-2

1963年入驻冲绳的汉堡店。除了可以店内就餐，也可以车内点餐外带。

☎098-936-9005 所北谷町美滨2-5-5 营8:00-次日凌晨1:00 休无休 交乘巴士桑江下车、步行1分钟 P有(27台)

汉堡650日元。含饮品的套餐推荐选择著名的根汁汽水

DRIVE OKINAWA

西海岸海滨·兜风

散布着美丽白沙滩的度假胜地景色宜人，自驾游也非常舒适。来陶器之里和琉球村尽情享受传统文化体验吧。

1 YACHIMU之乡

登窑的冲绳红瓦

读谷 MAP 附录P.8 B-4 ➡P.152

发现独特的陶器

聚集了登窑，陶艺工房和画廊的陶艺村。在这里可以参观工房和购物。

2 残波海滩

读谷 MAP 附录P.8 A-3 ➡P.24

在当地人中也很有人气

海上娱乐设备齐全，香蕉船和玻璃船等项目丰富多彩。

透明的海边白沙滩

3 残波岬公园

读谷 MAP 附录P.8 A-3

夕阳美景 魅力无限

残波岬的断崖峭壁绵延不断，长约2km，顶端立着白色的灯塔。残波岬公园内有烧烤设施和饮品店，周边有运动设施。

☎098-958-0038(残波岬休息广场Ti-da33) 所读谷村宇座 交距离石川IC约14km P有(500台)

最绝美的景色——灯塔展望台

4 真荣田岬

恩纳 MAP 附录P.8 B-3

广阔碧海尽收眼底

断崖上可以眺望清澈透明的海水及海里的珊瑚礁。另外，距离非常人气的潜水点——青之洞窟也很近。

☎098-982-5339(真荣田岬管理事务所) 所恩纳村真荣田 交距离石川IC约7km P有(180台·收费)

从台阶可以下到海滩

可以看到水下5米世界的海中展望塔

7 部濑名海中公园

名护 MAP 附录 P.9 F-1

放松心情欣赏海中世界

在部濑名岬的海中展望塔或是乘坐玻璃底游艇出海，您可身着自己的服装欣赏热带鱼在海里畅游。

☎0980-52-3379(真荣田岬管理事务所) 所名护市喜濑1744-1 开海中展望塔9:00-18:00(11月-次年3月9:00-17:30、7月8月9:00-19:00，闭馆前30分钟停止入场)。玻璃底游艇9:10-17:30(11月-次年3月9:00-17:00)，每小时的10分、30分、50分各有一趟(12:30除外，11月-次年3月16:50除外) 休无休 票海中展望塔1030日元、玻璃底游艇1540日元、联票2060日元 交距离许田IC约4km P有(200台)

在船底通明的游艇观察热带鱼

在西海岸也是人气非常高的绝景点

6 万座毛

恩纳 MAP 附录 P.9 D-2

享受七种颜色的大海

在平坦的断崖上是一片辽阔青草地。设有游玩散步路线，可以悠闲地饱览象鼻岩、夫妇岩、万座海滩等多样景色。也可以看到石灰岩上自然生长的天然古迹植物群落。

☎098-966-1280(恩纳村商工观光科) 所恩纳村恩纳 交距离屋嘉IC约7km P有(80台)

5 琉球村

恩纳 MAP 附录 P.8 B-3

古老村子里的文化体验

将建筑历史在80~200年的传统古老民宅重置变成观光主题公园。除红型色染和三线琴教室等各种文化体验外，在广场上可以观看舞蹈表演和游行。因为有屋顶型设施，即使在下雨天也不用担心。

☎098-965-1234 所恩纳村山田1130 开8:30～17:30(17:00后停止入场)、2018年7月开始9:00-18:00(17:30后停止入场) 休无休 票1200日元 交距离石川IC约7km P有(约200台)

游客可以参与其中的游行Michijyune

三线琴体验也很受欢迎(收费)

琉球服装拍照留念(收费)

移动时间◆约2小时25分

推荐自驾游路线

从那霸机场到冲绳南IC走冲绳高速约34km，需要大约50分钟。途中散布着嘉手纳路站等休息的地方。景点和酒店集中分布的沿海道路在旺季可能会堵车。另外，岬等景点周边的路很窄，车辆和行人也很多，所以需要多加注意。国道58号在仲泊有道路交叉点，万座毛方向请顺着沿海的旧国道前行。

冲绳南IC

↓ 国道330号、国道58号、县道130号、县道12号 20km/40分钟

1 陶器之里

↓ 县道12号、县道6号 8km/20分钟

2 残波海滩

↓ 550m/3分钟

3 残波岬公园

↓ 县道6号 8.5km/16分钟

4 真荣田岬

↓ 县道6号 2km/6分钟

5 琉球村

↓ 国道58号 14.5km/21分钟

6 万座毛

↓ 国道58号 12.5km/20分钟

7 部濑名海中公园

↓ 国道58号 4km/5分钟

许田IC

感受美国文化地域之旅

本岛中部·东海岸

Middle & East Coast, Okinawa Main Island

舒缓的时光之河里流淌着美式气息

港川外国人住宅区里的商店&咖啡店

冲绳独特的外国人住宅中备受瞩目的区域。讲究时尚又个性十足的店家聚集在这里。

使用天然酵母口感清脆的面包

ippe coppe

MAP 附录 P.13 E-3　面包

一家美味面包专卖店。农学专业毕业的店主运用农学知识，精心挑选未使用农药（用于收获后的粮食保存）、安全放心的国产小麦做出好吃的面包。

☎098-877-6189
所 浦添市港川2-16-1#26
营 12:30～18:30
休 周二、周三、每个月第三个周一
交 乘巴士港川下车、步行10分钟
P 有（3台）

1. 白无花果和奶油芝士280日元（上）。软软的面包圈210日元（中）。黑麦棒200日元（下）
2. 考究的面包店、安静地伫立在外国人住宅区深处
3. 类似长条面包、大受欢迎的吐司320日元（1斤）
4. 可爱的显示器，看着就觉得很开心

周边地图附录 P.13 下

只在特定季节供应的水果蛋挞

oHacorte 港川本店

MAP 附录 P.13 E-3　蛋挞

非常受欢迎的冲绳水果蛋挞专卖店，外国人住宅改装而成。店内有充足的用餐空间，您可以在适合自己的空间里享受，如露台座位、露台小屋等。店里还销售一些很有品位的杂货。

☎098-875-2129
所 浦添市港川2-17-1#18
营 11:30～19:00(Last Order18:00)
休 不定休　交 乘巴士港川下车、步行10分钟　P 有(6台)

1. 让人感受到树木温暖又平静的店内。和家人一起会觉得很放松
2. 店里出售红茶、咖啡豆，也有一些珐琅杂货
3. 季节性的各种水果蛋挞734日元

盘中蔬菜为主的料理令您身心放松

Cafebar Vambo Luga

MAP 附录 P.13 E-3　咖啡吧

为客人准备了各式空间，如吧台、自然绿洲的布景以及被称为图书馆的房间等等。无论一个人还是几个人，在这里都可以感觉很放松。料理种类丰富，多是使用冲绳县产的蔬菜。

☎098-878-0105
所 浦添市港川2-16-8#21　营 12:00～23:00(Last Order22:00)　休 周二　交 乘巴士港川下车、步行10分钟　P 有(5台)

1. 含有8种蔬菜的Chample午餐1050日元
2. 日式榻榻米房间。非常适合和小孩子一起共度时光
3. 无论是白天还是晚上都很安静。并有杂货出售

1. Pinza汉堡910日元 Pinza是宫古岛的方言，意为山羊
2. 干净简洁的店面。窗户是敞开的，店内很明亮
3. 位于外国人住宅区最深处的安静环境

即使是第一次吃山羊肉的人也能体会到它的美味

rat & sheep

MAP 附录 P.13 E-3　餐厅

山羊肉作为冲绳的食材并不太受欢迎。为了让它变得美味，反复和猪肉一起进行烹饪实验。除了山羊烹饪以外，也都是考究的菜式。

☎098-963-6488
所 浦添市港川2-13-9#43
营 10:30～17:00、周五周六17:00~24:00也会营业
休 周日、国家法定公休日的周一
交 乘巴士港川下车、步行10分钟
P 有(6台)

与自己喜欢的美味咖啡相遇

OKINAWA CERRADO COFFEE Beans Store

MAP 附录 P.13 E-3　咖啡店

店主和每个人交谈后，为那些购买了适合自己喜好的咖啡豆的人提供一些煮咖啡的建议和一杯免费的咖啡。喝下去会感觉到微弱的甜味。

☎098-875-0123
所 浦添市港川2-15-6#28
营 12:00～18:30　休 国家法定公休日
交 乘巴士港川下车、步行10分钟
P 有(4台)

1. 富有南国风情的店铺，里面弥漫着隔壁烘焙厂的香气
2. 摆满了刚焙煎的特制咖啡
3. 教客人煮咖啡的方法

CHATAN-GINOWAN-KITANAKAGUSUKU
北谷 宜野湾 北中城★美式风格

感受美国西海岸的气息

美浜美式小镇

北谷 MAP 附录 P.11 D-2

美式村内，有摩天轮和美丽的日落海滩

冲绳时尚和娱乐的大本营

参照美国西海岸的氛围设计出五彩缤纷的街景。自开业以来，店铺持续增加，现在是传播冲绳最新趋势的地方。除了时尚、杂货和美食外，还有电影院、Live House、美术馆等多种娱乐设施。使其成为当地人和游客日夜玩耍的热门去处。

☎098-926-5678（北谷町观光协会）
所北谷町美滨
营休各店铺不同
交距离冲绳南IC约5km　P有(町运营的停车场)

Depot Island

Depot Island大厦A
MAP 附录 P.11 D-2

以冲绳特有的度假村时尚作为主题。从休闲服到杂货，各种商品种类齐全，可以全身搭配。

☎098-926-3322
营10:00～21:00

RIP CURL T恤5800日元

进口比基尼上下套装6800日元

像主题公园一样的店铺

JEENAR北谷店

Distortion Fashion大厦
MAP 附录 P.11 D-2

使用深受欢迎的萤火虫玻璃、珊瑚、天然石的原创设计首饰店。无论年龄大小，高雅的设计都很受欢迎。

☎098-926-3155
营11:00～21:00

萤火虫玻璃和天然石制作的手链3780日元

珊瑚手链3024日元

只是看着商品就会觉得很开心

Toy Kitchen

Depot Island大厦A
MAP 附录 P.11 D-2

在Depot Island入口处的美式露台咖啡店。菜单丰富，有正宗足分量的汉堡包和TACO-RICE。

☎098-926-0818
营10:00～21:00

ABC汉堡套餐1280日元

小憩的享受空间

AKARA GALLERY / BOKUMEN ART MUSEUM

MAP 附录 P.11 D-2

可以欣赏到版画家名嘉睦稔作品的画廊和美术馆。自己设计的独特形状建筑物是美滨象征性的存在。

☎098-926-2764
营11:00～20:00

一层摆放着绘画商品

特别大的版画震撼力巨大

人气早餐菜单的Eggs Benedict，带咖啡1404日元

令人振奋的美国家庭料理

THE ROSE GARDEN

MAP 附录 P.11 E-2　　餐厅

外国客人很多的美国家庭料理店。手工制作的松饼、加入自家花园里无农药草药做成的香肠等，制作考究的料理大受欢迎。早餐菜单直到19:00为止，午餐可以在11~17点之间点餐。

美国南部乡村氛围。店铺前经常排着长队，热闹非凡

☎098-932-2800
所 北中城村屋宜原165-1
营 8:00～23:00（Last Order 22:00） 休 无休 交 乘巴士屋宜原下车、步行2分钟
P 有（20台）

怀旧的异国情调
感觉像是在美国

触摸着在美国当地购买的复古物品，仿佛是在美国电影中看到的房间里用餐。在古老又美好的美国，愉快地穿越时光旅行。

从美国直接进口、采购商品的迷人古董店

CHICAGO ANTIQUES on ROUTE 58

MAP 附录 P.13 F-1　　古董

餐具和锅等厨房杂货，时尚用品、玩具、文具、家具等，被用时间收集到的各种物品堆积得满满的大型商店。因其质量好，价格良心而广受好评。

沿着国道58号而建。种类齐全，种类惊人

☎098-898-8100
所 宜野湾市真志喜1-1-1
营 11:00～19:00
休 无休 交 乘巴士真志喜下车、步行2分钟
P 有（附近有合约的停车场）

价值很高而又罕见的70年代灯具。装饰独特美丽。42000日元

可以在喜欢的任何高度调控的原创铁凳子10000日元

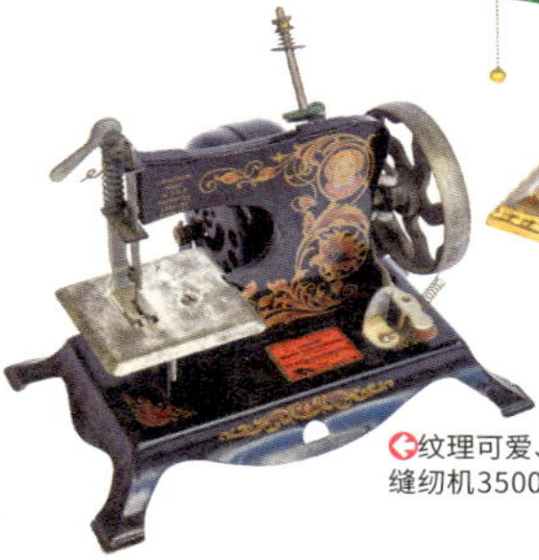

纹理可爱、30年代的缝纫机35000日元

装饰了珍珠等，50年代的稀有品。塑料的包27000日元

以花为主题的玻璃项链。玻璃的颜色和质地可爱，60年代的商品7560日元

Fire King Concord马克杯（上）8640日元 Jedi马克杯（右）6480日元

自家工房修复的古董家具

PEARL.

MAP 附录 P.13 F-1　　古董

“从美国波特兰购买的古董家具还能继续使用100年”，基于这种想法对古董进行修复。此外，中世纪风格的原创产品也很受欢迎。

☎098-890-7551 所 宜野湾市大山4-2-6
营 11:00～18:00 休 无休 交 乘巴士大山下车、步行5分钟 P 无

阳光明亮的店内，家具和煤油灯齐全。地下一层是工房

DRIVE OKINAWA

顺着海上的道路和桥向海上冲去

穿越海中道路到达各岛

探访两座城，在大海全景蔓延的海中道路巡游小岛。
被神话中出现的朴素村落和美丽海滩所治愈。

可以顺便去一下

海之站 Ayahashi馆

MAP 附录P.7 D-4

Uruma市和地区的特产齐全。还设有天妇罗好吃的鲜鱼直销店、冲绳荞麦面店、冷饮店等。

☎098-978-8830 所Uruma市与那城屋平4 营9:00—18:00(冬季-18:00)，Shunsai餐厅10:30-15:00(Last Order 14:30) 休无休 交距离冲绳北IC约14km P有(50台)

出售本地艺术家作品的专柜

1 中城城迹 世界遗产

北中城 MAP 附录P.11 E-3 ➡P.89

保存状态良好的琉球名城

残留15世纪中叶面貌的城迹。您可以看到三种石砌方法建造的城墙、城郭和城门。

被列入日本100名城和世界遗产的珍贵城堡

2 中村家住宅

北中城 MAP 附录P.11 E-3

被日本认定为国家重要文化财产

18世纪中期豪农的宅邸。周围被石垣围成，留下了主屋、另建的家畜小屋等建筑物，可以从中得知过去宅邸的构造。

☎098-935-3500 所北中城村大城106 开9:00～17:30(入场时间截止到17:10) 休无休 票500日元 交距离北中城IC约3km P有(25台)

典型的战前宅邸。以前是竹子的草顶房屋

3 胜连城迹 世界遗产

Uruma MAP 附录P.6 C-4 ➡P.89

好看的13世纪的城迹

13世纪左右建城，特征是城墙打造成弧形。从一个大的圆圈可以眺望到海中道路、中城湾和久高岛。

建在可以眺望到海的胜连半岛的丘陵地上。被收录在世界遗产中的冲绳的五个城迹之一

全长4.7km的海中道路。广阔海景持续蔓延

5 伊计岛

Uruma MAP 附录P.7 D-3

在清澈的海里畅游

这座周长约为7km的小岛通过伊计大桥与宫城岛相连。因其美丽的白色沙滩和澄净的海水而闻名遐迩。

所 Uruma市与那城伊计
交 距离冲绳北IC约27km

以透明的海著称的伊计海滩。海上运动很受欢迎

4 滨比嘉岛

Uruma MAP 附录P.7 D-4

诞生神话的古朴村落

红瓦屋顶的屋子和石墙连绵的田园诗般的小岛。

琉球神话有渊源的景点也零星存在。

所 Uruma市胜连滨·胜连比嘉 交 距离冲绳北IC约19km

小岛周围7km跌宕起伏。相传琉球的创世神阿摩美久住在这里

连接平安座岛和浜比嘉岛的浜比嘉大桥，全长1.43km

移动时间◆约2小时

推荐自驾游路线

从那霸机场到北中城IC走冲绳高速约24km，需要大约40分钟。海中道路是笔直的单向双车道，风景优美，您可以爽快地兜风，但要小心速度过快哦！此外，道路公园以外严禁停车。浜比嘉岛的村子里，狭窄的道路很多，所以请慢点开吧！

北中城IC

↓ 县道29号·146号 3km/8分钟

1 中城城迹

↓ 县道146号 1.4km/2分钟

2 中村家住宅

↓ 县道146号·81号·227号·85号·33号·16号 14km/28分钟

3 胜连城迹

↓ 县道16号·10号·238号 10km/13分钟

海中道路

4 浜比嘉岛

↓ 县道238号·10号 12km/20分钟

5 伊计岛

↓ 县道10号·37号·36号 27km/45分钟

冲绳北IC

在海洋和森林交织的大自然中

本部半岛·名护

もとぶはんとう·なご

Motobu Peninsula & Nago, Okinawa Main Island

人气水族馆和本部半岛的个性岛屿

DRIVE OKINAWA

环岛自驾游

本部半岛拥有山脉和大海的自然风光。欣赏完菠萝园和水族馆后，前往小岛，进入浪漫的历史神话舞台。

4 备濑福木林

本部 MAP 附录 P.4 C-1

下车探索绿色村落

过去作为防风林的福木包围着村落。快来美丽的树荫林道里散散步吧。

1 名护菠萝园

名护 MAP 附录 P.5 E-3

菠萝的主题公园

乘坐自动驾驶的游园车探索菠萝田。品尝以菠萝为食材制成的点心和美酒。里面还有很多冲绳美食餐厅。

☎0980-53-3659
所 名护市为又1195 营 9:00～18:00（入场和乘坐菠萝号时间截止到17:30）
休 无休 票 850日元
交 距离许田IC约11km P 有（200台）

坐上自动驾驶的菠萝号去参观菠萝田。即使雨天也不用担心被淋湿，非常方便

还可以品尝用菠萝酿造的菠萝酒和果汁

关于各个水槽的解说项目丰富

水纳岛 去往小岛

MAP 附录 P.4 B-3

周长约4km的月牙形小岛。可以享受在美丽的大海中潜水或是沙滩娱乐。

☎0980-47-3641（Motobu町观光协会）/0980-47-5179（水纳海运）
交 从本部町·渡久地港乘坐高速游艇15分钟

坐定期船可以轻松到达

2 瀬底岛

本部 MAP 附录 P.4 C-3

天然的悠长海滩魅力十足

与半岛通过全长762m的瀬底大桥相连。长长的沙滩和透明度极佳的海滩很受欢迎。

☎0980-47-3641（Motobu町观光协会）
所 本部町瀬底 交 距离许田IC约23km

瀬底海滩清澈透明度在冲绳屈指可数

3 冲绳美丽海水族馆

本部 MAP 附录 P.4 C-2 ➡P.44

世界上屈指可数的大规模水族馆

主水槽“黑潮之海”中多只日本蝠鲼和鲸鲨畅游，“热带鱼之海”水槽中五彩斑斓的热带鱼游来游去，您在这里可以体验到冲绳海的魅力。步行即可到达场外设施，您可以免费观看海豚表演。

🅒树龄300年以上的巨大福木。作为防风林的福木能够在强烈的台风中守卫家园

☎0980-47-3641（Motobu町观光协会）
所 本部町备濑
交 距离许田IC约29km

5 今归仁城迹

世界遗产

今归仁 MAP 附录P.5 D-2

➜P.89

大规模的世界遗产城迹

琉球统一之前统治本岛北部的北山王的城居。古生代石灰岩堆积起来的城壁，沿着地形似波浪般连接起来。在制高点可以眺望到东海

🅒13世纪筑城。残留下1.5km的城墙和废墟

🅒从屋我地岛经过古宇利大桥可以到达古宇利岛

🅒透明度极高的海

6 古宇利岛

古宇利岛 MAP 附录P.5 F-1

流传着恋爱的神话

有恋岛之称，是因为在岛上曾经有个类似亚当与夏娃的传说流传着。岛上与神话有渊源的地方和心形岩石都是迷人的景点，还有美丽的海滩。

☎0980-56-2256（今归仁村经济课） 所 今归仁村古宇利
交 距离许田IC约24km

还可以顺便去一下

Shirasa

🅒装满海葡萄的海鲜盖饭1800日元

古宇利岛 MAP 附录P.5 F-2

创业30多年的老店。在这里可以一边眺望大海一边享受美食。菜品丰富。

☎0980-51-5252 所 今归仁村古宇利176 营 11:00～18:00（Last Order） 休 无休 交 距离许田IC约24km P 有

移动时间◆约2小时30分

推荐自驾游路线

从那霸机场到许田IC走冲绳高速约72km，需要大约1小时。从许田IC到名护市内交通比较繁忙，根据时间段和日期堵车的情况时有发生，请把时间安排得宽裕一些吧！

许田IC

⬇ 国道58号、县道84号 11km/17分钟

1 名护菠萝园

⬇ 国道449号、县道172号 17km/20分钟

2 濑底岛

⬇ 县道172号、国道449号、县道114号 8.2km/14分钟

3 冲绳美之海水族馆

⬇ 县道114号 2km/10分钟

4 备濑福木林道

⬇ 县道114号、国道505号、县道115号 8km/20分钟

5 今归仁城迹

⬇ 国道505号、县道248号、247号 15km/30分钟

6 古宇利岛

🅒古宇利岛的风景

⬇ 县道247号、110号、国道58号 24km/35分钟

许田IC

邂逅丰富的大自然和稀有动植物

(山原)

Northern Area, Okinawa Main Island

感受北部广阔丛林的活力

大石林山中日本最大的榕树群

移动时间◆约2小时35分

推荐自驾游路线

从那霸机场到许田IC走冲绳高速约72km，需要大约1小时。从许田IC经由名护东路到国道58号一直北上。途经大宜味村、国头村时要注意山原水鸟、海龟、螃蟹等小动物出没！

- 许田IC
- ↓ 国道58号 52km/1小时5分钟
- 1 茅打BANTA
- ↓ 1.3km/5分钟
- 2 大石林山
- ↓ 2.2km/10分钟
- 3 边户岬
- ↓ 国道58号 55km/1小时10分钟
- 许田IC

DRIVE OKINAWA

亚热带的深绿森林

探寻由大自然造就的未受破坏的壮丽景点，驱车前往冲绳本岛最北端的边户岬！

1 茅打BANTA

国头 MAP 附录P.3 E-1

山原首屈一指的断崖美景

80米高的悬崖峭壁。源于成捆的茅在这个地方向下投掷，在强风中纷纷飘落故起名为茅打断崖。

珊瑚海尽收眼底

☎0980-41-2420（国头村观光协会）
所 国头村宜名真 交 距离许田IC约52km
P 有（22台）

2 大石林山

国头 MAP 附录P.3 E-1 ➡P.68

享受山原的大自然

热带森林蔓延，在奇石林立的热带岩溶台地有四条散步路线。

3 边户岬

国头 MAP 附录P.3 F-1

浪花飞舞的最北端的景点

冲绳本岛最北端的岬。每当波浪拍打在断崖时会溅起无数浪花，雄伟壮观。晴天的时候可以眺望到鹿儿岛的与论岛。

☎0980-41-2420（国头村观光协会）
所 国头村边户 交 距离许田IC约55km
P 有（47台）

隆起珊瑚的断崖接连不断

被冲绳本土风味治愈的瞬间　强烈的满足感

美食

GOURMET

独特的饮食文化也是冲绳旅游的乐趣之一。
这里有各式各样的饮食店，例如，丰富的家庭料理、令人眼花缭乱的美式美食和朴素的岛点心等。
在享受美景和优雅氛围的同时，品尝各家店引以为豪的味道。

广受好评的冲绳味道

岛料理图鉴

料理选用珍贵的食材，运用独特的烹饪方法精心制做而成，只为游客提供最新鲜的食物。独特的口感值得期待和体验。

香炒苦瓜

特色炒菜之首选，切片苦瓜炒鸡蛋

肉炒龙须面

煮过的龙须面和蔬菜等香炒而成的家常菜

丝瓜炖味噌

加入特有食材，再用丝瓜含有的天然水分熬制而成

香炒豆腐

以岛豆腐为主菜，再加入蔬菜和猪肉一起爆炒而成

日式炒面筋

因烤面筋在鸡蛋里泡过，从而具有酥软的独特口感

香炒胡萝卜丝

胡萝卜丝和鸡蛋香炒而成的清淡料理

平烧

冲绳版杂菜饼。所用的蔬菜根据店铺而不同

日式豆腐乳

岛豆腐泡在泡盛酒里腌制发酵而成

花生豆腐

用花生做成的豆腐。劲道的口感是其特色

海藻汤

加有海藻的味噌汤。微咸

炖猪脚
采用富含胶原蛋白的猪蹄，精心炖制而成

日式东坡肉
精选的五花肉淋上泡盛酒和酱油，口感辣中带甜，令人回味无穷

中味汤
猪小肠及猪胃等内脏熬成的汤，香气扑鼻

魔芋猪肉汤
魔芋和猪肉淋上甜口白味噌，独具特色

猪耳朵
猪耳切成丝，嚼劲十足，给您从未有过的口感体验

山羊汤
用山羊肉熬制的汤，县民们根据个人口味，喜恶各占一半

醋溜海蕴
新鲜的冲绳县产海蕴，淋上三味调料汁，唤醒您沉睡的味蕾

油炸二带梅鲷
冲绳一品料理，口味独特

盐辛豆腐
岛豆腐放上小褐篮子鱼做点缀，栩栩如生

摄影赞助

琉宴

那霸 MAP 附录P.17 D-3

☎098-869-9245

所 那霸市牧志1-3-61-B1

营 18:00-次日凌晨3:00（Last Order 食物凌晨1:00，饮品凌晨2:00） 休 周三

交 Yui Rail松尾站步行3分钟 P 无

岛上的鱼儿们

冲绳近海的鱼儿们，每一只颜色都鲜艳夺目。街道的食堂和居酒屋都可以尽情享受到各种鱼的美味。

Asaba

和名叫作六班刺鲀。如若受到惊吓则腹部会鼓起，刺会直立

Bitaro

笛鲷鱼的总称。乃白肉鱼中之上品，因其口味绝佳而备受喜爱

Gurukun

和名叫作二带梅鲷。冲绳的县鱼，入口即化，美味十足

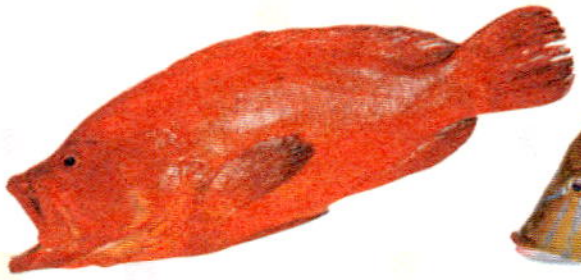

Mībai

鮨鱼的总称。根据体积大小，从小到大种类共有50种以上

Taman

和名叫作Hamafuefuki。5~7公斤的大型高级鱼

Akamati

和名叫作滨笛吹。高级深海鱼，可搭配多种料理

Irabutya

和名叫作鹦嘴鱼。湛蓝的外表，显得格外醒目

每一种都值得品尝

岛之食材、岛之美味

冲绳备受山海眷顾，只有到这里才能一饱眼福。在逛市场和服务站的时候，千万不要错过它们。

巨蛤

一般用于做刺身，口感脆爽

岛上的水果

南国水果品种繁多，从香甜到酸爽应有尽有。

杨桃

从正面切开的话会呈现星星的形状，微甜

火龙果

仙人掌的果实，清新怡人的酸甜适度口感是其美味之处

山桔仔

冲绳特色水果之一，可以当柠檬用

凤梨

像小零食一样方便拿，甜味十足

木瓜

青果实可当作蔬菜，成熟之后可当水果食用

芭蕉

酸甜均衡，口感劲道

杧果

南国水果之王，含糖量高，甜度浓厚，备受喜爱

岛上的蔬菜

风味独特，富含矿物质和维生素。

苦瓜

具有特色的苦味，是冲绳具有代表性的蔬菜之一

岛南瓜

冲绳土生土长的南瓜，黏度大，适合烹煮

紫薯

鲜艳的紫色使其显得格外艳丽。富含多酚

青木瓜

一般作为蔬菜食用

四角豆

亚热带原产，嚼劲十足

田芋

富含糖分，通常用于做传统料理

岛胡萝卜

只有冬季才会有的时令蔬菜，非常耐旱，产量很少

岛辣椒

辣度高，可以腌制

丝瓜

在冲绳，和苦瓜一样是常见的家常菜

红凤菜

叶子的背面是紫色，通常用于做蔬菜沙拉等

薤

冲绳版青葱，和葱一样具有辛辣味

调味料

选用冲绳特色名产制成，是调味的好伙伴。

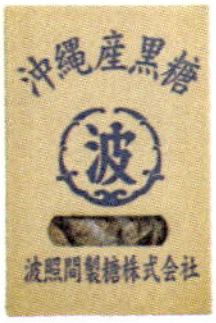

红糖

取甘蔗之天然糖分制成，加入料理，芳香四溢

柠檬调味料

酸酸的柠檬味道，料理饮料均可使用

阿古肉酱

味噌里加入猪肉制成的肉酱，加入此肉酱的饭团美味无穷

岛胡椒

香味类似肉桂油

Koregusu

经过蒸馏酒泡盛腌制过的辣椒，是桌上常见的调料

Nuchimasu

由富含矿物质的海水晒制而成

岛辣椒酱

根据个人喜爱，可放入冲绳荞麦面等料理

以餐桌席为主，静谧开阔的空间

远离大道的宁静环境。当您穿过门帘的时候，对料理会有很高的期待

8道菜肴的套餐 3780日元

包括Tofuyo、Minudaru(炸田芋炸苦瓜)、Rafute等用县产材料制作的料理。另外还有10道菜肴、13道菜肴的套餐。

慢慢品尝精心制作的琉球料理

乡土料理琉音

那霸 MAP 附录 P.14 B-3

本着感恩的精神，店家全心全意地为顾客提供新鲜烹制的料理。工作人员会耐心地对菜肴的成分和来源进行详细的说明。这会使您感受冲绳饮食文化深度的幸福。

☎098-868-3456
所 那霸市久米1-16-13
营 17:00～22:00(Last Order 19:30)
休 周三、周日
交 Yui Rail旭桥站步行7分钟　P 有(附件的共有停车场)

预约 要(截止到前一天)
费用 晚餐3780日元起

喝点宫里酒造厂酿造的芳香泡盛，润润喉咙

丰盛的日本传统御膳料理

品尝正宗的琉球料理

各种精心制作的乡土风味料理。从宫廷料理到家庭料理，希望您能尽情享受各种口味。

在备受欢迎的老店里品尝家庭风味

Yunangi

那霸 MAP 附录 P.16 B-3

开业40多年的老店。在古色古香的店内，装饰真开店时的照片，让您感受到历史的悠久。是一个晚餐会排长队的人气店，无论是料理的味道还是老板娘的人品都有很多粉丝。建议想吃很多东西的客人点套餐。

☎098-867-3765
所 那霸市久茂地3-3-3
营 12:00～15:00(Last Order) 17:30～22:30(Last Order)　休 周日、国家法定公休日
交 Yui Rail县厅前站步行5分钟　P 无

预约 不可(18点前进店的话可以预约3桌)
费用 午餐1000日元起，晚餐2000日元起

Yunangi A 套餐 3150日元

包括Rafute、Jimami豆腐等10道菜肴。分量很足，可以和同伴一起吃。

位于国际大道巷内，环境一流。店内有吧台、餐桌、榻榻米等席位。带着家人一起来享用吧

在60年历史的古民宅里品尝美食，享受岛上时光

琉球茶房Ashibiuna

首里 MAP 附录 P.18 C-2

店铺是琉球风格的古民宅，建于曾经属于琉球王朝特权阶层的美里御殿遗迹之上。请您尽情享受使用冲绳独特食材精心制作的冲绳料理以及充满这种氛围的空间。

☎098-884-0035
所那霸市首里当藏町2-13
营11:00～15:00 (Last Order) 17:00-23:00(Last Order 22:00) 午餐可以和冲绳荞麦面搭配套餐，晚餐有泡盛和琉球料理 休无休
交Yui Ril首里站步行10分钟 P无

预约 期待您的预约
费用
午餐900日元起
晚餐3000日元起

瑞云御膳4104日元
可以品尝17道冲绳料理的御膳。菜装得满满的，只是看着就觉得很满足。不过仅在晚上提供。

边眺望庭院边吃饭的绿色座位，很受情侣欢迎

感受到树木温暖的店内，设有单间

在娴静的住宅区里的一栋房子。有普通的榻榻米，也有嵌入式被炉的榻榻米

从宫廷料理到家庭料理邂逅冲绳美食文化

首里Iroha庭

首里 MAP 附录 P.18 B-3

由自家住宅改造的店内设有休闲空间，可供人欣赏庭院的美景。讲究选用本地食材的传统家常料理价格实惠，简单而又深刻的口味广为流传。

预约 希望预约
费用
午餐1650日元起
晚餐2160日元起

☎098-885-3666
所那霸市首里金城町3-34-5
营11:30～15:00 (Last Order) 18:00～22:00 (Last Order21:00)
休周三(如果是国家法定公休日，正常营业)
交Yui Rail首里站开车8分钟 P有(20个)

守礼套餐 3240日元
Inamuruchi(冲绳风味白味噌猪肉汤)、Mimiga、油豆腐等共18道自制菜肴。

花笠套餐850日元
上佳的调味品——干烧萝卜猪脚。另外还有多种汤品，主食和小菜可供选择。

尽享一流食物，品味冲绳饭店的真髓

花笠食堂

那霸 MAP 附录P.17 D-3

菜品味美价廉量多，冰茶不限量供应，食欲旺盛的学生也可以吃到满足，这就是50年传承经典的花笠流饭店！

☎098-866-6085
所 那霸市牧志3-2-48
营 11:00～20:00(Last Order)
休 无休　交 Yui Rail牧志站步行7分钟
P 无

↑平和路入口附近。冲绳饭店的先驱者一般的存在

所谓料理，就是心血。请一定要来花笠饭店来品尝我们亲手做的料理！

费用
午餐、晚餐500日元起

品尝“家的味道”

岛上的妈妈食堂

氛围古朴亲切，价格公道诱人的大众饭店。用妈妈倾注了满满爱意做出的料理来填饱肚子吧！

煮猪脚 650日元
长时间用心熬煮的猪脚和岛豆腐、冬瓜等。还配有生鱼片、米饭和冲绳荞麦面。

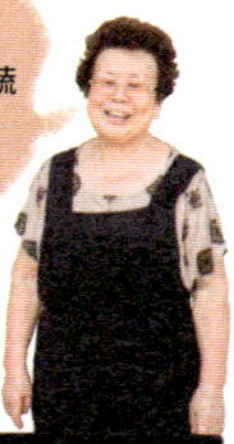

为了身体健康，蔬菜也要一扫而空！

味噌汤500日元
精选岛豆腐、猪肉、胡萝卜、鸡肉和时鲜蔬菜多种食材，配合冲绳赤味噌做成的味噌汤。

满溢着温暖的家庭的味道，四十余年深受当地居民喜爱

高良食堂

那霸 MAP 附录P.14 B-3

1972年冲绳回归之日开业，如今已是是第二代夫妇在经营。传承了心念家人才能做出来的温暖的味道。冲绳荞麦面只需300日元，公道的价格也是本店大受欢迎的原因。

☎098-868-6532
所 那霸市若狭1-7-10　营 10:30～20:30(Last Order)　休 不定休　交 Yui Rail县厅前站步行12分钟　P 有(10个)

↓店里充满着家的氛围，常有祖孙三代一起来本店享受美食

费用
午餐、晚餐300日元起

抓住冲绳人的胃，无论是味道还是供量都满分的料理

AYAGU食堂

有餐桌席和榻榻米，即使带小孩也很方便

首里 MAP 附录 P.19 D-2

从早上9点开始客人就络绎不绝的大受欢迎的饭店。在本店丰富的菜品里极力推荐的是，只要650日元但是菜量惊人的“C套餐”。本店手工做的油豆腐拥有众多粉丝。

☎098-885-6585
所 那霸市首里久场川町2-128-1
营 9:00～20:00（Last Order19:50）
休 周三
交 Yui Rail首里站步行3分钟
P 有（6个）

费用
午餐、晚餐550日元起

本店菜品从冲绳家常菜到鱼和盖饭应有尽有，共计80种以上可供选择！

C套餐650日元
四个超大炸鸡块和汉堡牛肉饼，配合香肠、鸡蛋烧、沙拉、冲绳荞麦面等9种菜品。

深受当地人喜爱的冲绳人的家庭料理

KAJIMARU食堂

北谷 MAP 附录 P.11 D-2

作为冲绳的家常菜饭店，35年来一直深受当地人喜爱。用荞麦面汤汁浸泡的猪骨，加入蔬菜精心熬煮的“骨头汤”是本店力荐精品。

☎098-936-5968
所 北谷町上势头814-1
营 10:00～21:00（Last Order） 休 周日
交 距离冲绳南IC约2km P 有（17个）

费用
午餐、晚餐400日元起

本店的巨大招牌就是路标。店内十分宽敞，带孩子来的客人也可安心就餐

虽然猪骨汤限量供应，但其他的套餐和冲绳杂炒等菜品也是本店力荐！

骨头汤（600日元）
用荞麦面烫精心熬煮一日的猪骨，每天限定30份。因为每天11:30左右就会售空，想要品尝的客人请尽早来店。

豆腐shibusa700日元
柔软多汁的岛豆腐浇上炖猪肉块的套餐，分量十足。

因为想要看到客人的笑容，店主倾注了真心做成的岛豆腐

海洋食堂

丰见城 MAP 附录 P.10 A-3

岛豆腐专卖店。绵软嫩滑是原汁原味的岛豆腐的特征。这样的岛豆腐是本店独有。除此之外，还有冲绳荞麦面等丰富的冲绳家常菜可供选择。

☎098-850-2443
所 丰见城市名嘉地192-10 营 9:00～19:30 休 周日 交 乘巴士名嘉地下车、步行5分钟 P 有（5个）

费用
午餐、晚餐700日元起

我们夫妻俩每天很早就起床开始用心做豆腐。请一定要来品尝美味的豆腐！

特地为品尝岛豆腐而来的本地熟客有很多。最近游客在渐渐增加

在感受小岛时光的空间里品味长寿村里流传下来的健康食材

笑味之店

大宜味 MAP 附录 P.3 D-3

村里代代相传的乡土料理对身体好又易于食用。店主金城笑子以自家菜园里采摘的季节性蔬菜为主，充分发挥原材料烹制而成的菜肴齐全。

☎0980-44-3220
所大宜味村大兼久61 营9:00～17:00(食品11:30~16:00 Last Order) 休周二至周四 交距离许田IC约28km P有(10个)

预约 希望预约
费用 午餐1000日元起

↑长寿膳1750日元。可以享用山原本季味道的招牌菜。季节不同，料理食材稍有不同。需要事先预约

→店里洋溢着冲绳悠闲的小岛氛围。店主把自己家改装成了小店

请一定尝尝独特、丰富、色香味俱全的岛上蔬菜

沐浴阳光，自然生长
营养丰富的自然恩惠

享用岛上蔬菜

独特外观、味道、口感令人愉悦的冲绳蔬菜。吃得饱饱，能量充足。

木瓜沙拉请用自家制的生杧果酱汁搭配一起食用哦！

感触充满医食同源智慧的冲绳饮食文化和生活

家庭料理店 Manjyumai

那霸 MAP 附录 P.16 B-3

Manjyumai在石垣岛的方言里是木瓜的意思。以富含酵素和维他命的木瓜招牌菜为主，用Pipazu叶揉成的面手工做的荞麦面和自制的油豆腐也是本店特色。

☎098-867-2771
所那霸市久茂地3-9-23
营11:00左右(周日17:00)~22:00(Last Order 22:00) 休无休(偶尔周二会休息)
交Yui Rail县厅前站步行3分钟 P无

←Pipazu荞麦面650日元(左上)、自家制油豆腐450日元(右上)、炒木瓜650日元(左下)、木瓜沙拉650日元(右下)

←位于国际大道进来的一条街的沿途。每周五、周六的19:30以后有民谣现场表演

预约 可
费用 午餐650日元起
晚餐3000日元起

让身体健康、充满生命力的岛上蔬菜

浮岛花园

那霸 MAP 附录 P.17 D-3

遵循自然规律和生物学原理的料理方法，使用无农药蔬菜和有机食材。愿您能品尝到每个细胞都充满活力的岛上蔬菜。

☎098-943-2100
所 那霸市松尾2-12-3
营 11:30～14:00(Last Order)
18:00～21:00(Last Order)
休 周四
交 Yui Rail县厅前站步行12分钟
P 有(合约停车场)

请在这里尽情享受岛上蔬菜和有机葡萄酒！

预约 希望预约
费用 午餐1000日元起
晚餐2700日元起

↑使用应季食材制作的美味Nirai日式套餐5184日元。还有分量稍微小一些的Kanai套餐4104日元

←小店所在的浮岛通里还有很多时尚的店铺。小店内有利用古民宅设置的舒适空间

下功夫烹饪精心培育的蔬菜

岛上蔬菜食堂 Teianda

读谷 MAP 附录 P.8 A-4

从相熟的农户那里购买安全放心的蔬菜，精心做成香甜可口的蔬菜。同样受欢迎的还有县产的猪肉Rafute、Imaiyu(捕获的新鲜鱼)。晚餐需要预约。

☎098-956-0250
所 读谷村都屋448-1 营 11:00～16:00(Last Order15:00) 周五-周日18:00～21:00(Last Order 20:00)
休 周四 交 距离冲绳南IC约15km
P 有(8个)

↑深切感受到蔬菜美味的Akabana套餐1620日元

→距离都屋渔港很近、伫立在悠闲村落里的一栋房子

预约 午餐不可(晚餐可)
费用 午餐1458日元起
晚餐2376日元起

不使用鸡蛋和奶制品。如果有食材方面的要求请事先告诉我们哦！

让您感受到冲绳的美好气氛

每天进货的季节性新鲜鱼排成一排

人气生鱼片拼盘（4~5种）750日元、中村炸鱼糕540日元、炸鱼块640日元

中村家

那霸 MAP 附录 P.16 C-3

想要停留的温馨家庭式店铺

有怀旧感又充满冲绳风情的店内。大吧台上排满了新鲜的鱼，有意思的是店家把眼前的鱼做成料理。本地人也经常会去，甚至一个人也可以随意享受的店铺。

☎098-861-8751
所 那霸市久茂地3-15-2
营 17:00～23:30（Last Order22:45）
休 周日、国家法定公休日
交 Yui Rail县厅前站步行5分钟
P 无

预约 可（根据当天情况）
费用 晚餐3000日元起

店家引以为傲的酒和下酒菜

冲绳居酒屋美味的夜宵店

在供应泡盛和啤酒的路旁居酒屋悠闲地度过冲绳的夜晚。居酒屋还供应使用岛上食材制作的美味超群的冲绳料理。

味美轩家

那霸 MAP 附录 P.16 B-2

感受店主追求美味料理的执着

预约 要
费用 晚餐3500日元起

当地客很多、非常热闹的家庭式居酒屋。以Chanpuru、猪脚等经典冲绳家庭料理为主，也有店主使用全国各地食材的原创料理。有一个人来店的客人，还有很多回头客。

☎098-862-2805
所 那霸市久茂地2-6-12 营 17:00～次日凌晨1:00（Last Order 24:00）
休 周日 交 Yui Rail县厅前站步行5分钟
P 无

有供人闲坐的小座位，也可以举办大型宴会

烤猪脚734日元

办公街中，别致的红瓦异常醒目

Teidamun

那霸 MAP 附录 P.17 D-3

在那霸的商店街享用Agu猪料理

预约 希望预约
费用 午餐500日元起 晚餐2000日元起

靠近公共市场，可以品尝到Agu猪肉和石垣牛肉等县产肉。因为人气的猪肉火锅、自家制培根、咸猪肉、煮猪脚等回头客很多。也力荐冲绳家庭料理。

☎098-943-0063
所 那霸市松尾2-11-7 1楼
营 17:00(周六、周日、国家法定公休日12:00)-24:00(Last Order 22:00)
休 不定休 交 Yui Rail美荣桥站或牧志站步行10分钟 P 无

石垣牛肉＆Agu猪肉的高级火锅(2人起)。4980日元

煮猪脚702日元(上)、咸猪肉648日元(左)

除了吧台还有可以慢慢享受火锅料理的餐桌，也推荐露台座

冲绳堂喰米屋

那霸 MAP 附录 P.16 A-3

可以吃到和一般味道不同的冲绳创作料理

预约 可
费用 晚餐3500日元起

怀旧氛围的店内。最推荐的是电视上介绍过的Jimami豆腐。虽是用花生做的豆腐，但店内独有的制作方法会有无与伦比的口感。

☎098-866-9433/050-5571-4456(预约专线)
所 那霸市久米2-11-26 营 15:00～24:00(Last Order 23:00，饮品Last Order 23:30)
休 无休 交 Yui Rail县厅前站步行7分钟
P 无

黑角糖醋猪肉950日元(左)、Rafute煮蛋950日元(中)、Jimami豆腐453日元(右)

幽静的氛围

很高的通风天花板，团体座在二楼

京弥

那霸 MAP 附录 P.14 C-2

朴素简单的食物和适合舒适交谈的空间

预约 可
费用 晚餐2000日元起

可爱的古民宅外观。虽说是居酒屋，但因为有很多蔬菜菜肴而大受欢迎。用长命草、Handama、黄色胡萝卜等当地蔬菜简单调味的料理，体现出冲绳特有的朴素味道，美味绝伦。

☎098-867-6280
所 那霸市泊2-13-1
营 17:30～23:00(Last Order 22:00)
休 周日、每月第一个周六、国家法定公休日 交 Yui Rail见荣桥站步行10分钟
P 有(1个)

轻轻地立在巷子里氛围极好的店

味道温和的双色胡萝卜丝600日元

让您停下脚步的一人套餐1500日元

生动迷人的歌声
冲绳舞独具魅力的舞台

现场表演&冲绳料理 Live House冲绳岛歌

那霸 MAP 附录P.16 C-3

初代冲绳舞艺术家吉田康子及活跃在冲绳的众多艺术家组成的现场表演阵容。因为不清场，所以可以一边享用冲绳美食畅饮泡盛美酒，一边观看三段冲绳舞蹈表演，并且每次曲目和服装都会焕然一新。

☎098-863-6040
所 那霸市牧志1-2-31 Hisai OKINAWA Building3楼 营 18:00～23:00(舞台19:00-、20:30-、22:00-不换场，Last Order 食品22:00、饮品22:40)注:需要确认现场时间表 休 不定休 票 2160日元、小学-高中生1080日元、6岁以下免费 交 Yui Rail县厅前站步行10分钟 P 有(50个)

预约 希望预约
费用 晚上4000日元起

↑2015年迎来25周年之际，期待已久的重大回归

↑在国际大道中央表演，地理位置优越，十分便利

载歌载舞热情高涨之夜

民谣居酒屋& Live House

既可享受美食美酒，又可让您沉醉在冲绳音乐的旋律里，聆听三弦的美丽音色。在热闹非凡的店里，尽情享受欢乐时光。

一起来跳舞吧，Kachasi

伴着冲绳音乐尽情嗨吧

Kachasi是一种手舞，在冲绳的方言里是“搅拌”的意思。一般在庆祝节日时男女老少都会跳，来分享喜悦之情。舞蹈的步骤是，先把手举到头顶，手腕左右来回转，就像是在搅拌东西一样，然后脚同时也要跟着音乐的节拍动起来。一般男士要握拳，女士则要打开手掌。

手腕要快速转动，并要跟上节奏，到学会为止虽然有点难，但是边看边练肯定能学会。放轻松试着跳一下，您一定会与音乐融为一体，嗨翻全场哟。

①双手斜着放下来
②手在放下去的时候，手腕要快速转回来
③接下来，双手要朝相反方向斜着放下来
④同样手在放下去的时候，手腕要快速转回来

嗨翻在南国之夜
活跃于舞台之上

现场表演&居食屋 Kanagusuku

那霸 MAP 附录P.16 C-3

这里的魅力之处在于顾客和舞台的距离很近，每天晚上店里都会有无与伦比的表演，到处回荡着歌声。亲切的话语交织着欢乐的笑声，和店里的气氛融为一体。本店会精选冲绳的鱼贝类和岛猪等食材为您呈献绝味美食。

☎098-862-8876
所 那霸市松尾1-3-1 Esprit Court Building 2楼 营 17:30～24:00(舞台19:30-、20:30、22:00-不换场，Last Order 23:00) 休 周二 票 直播费1080日元 交 Yui Rail县厅前站步行3分钟 P 无

→冲绳县厅前十字路口，国际大道到入口步行仅需1分钟

预约 可
费用 晚上3500日元起

→职业演员轮番登场为您倾情呈献精彩节目，从民谣到爵士，曲目众多

多种多样的品酒方式，沉醉于其中的深度魅力。

泡盛小知识

冲绳县内现有46处造酒厂，品牌多达900种以上。由于酿造方法不同，味道和香醇也各具特色。让我们畅饮各式各样的泡盛酒，去寻找属于自己的那一款。

冲绳产的泡盛酒，用泰国米做下料，发酵并经蒸馏后酿造而成。独特的香气和味道备受人们喜爱。其酒精含量大多为30度，近年来25度的新产品也在逐渐增加。由于卡路里较少，对健康有益，也备受女性顾客青睐。泡盛酒的魅力之处在于它有多种多样的饮法，不管是加水加冰还是加入鸡尾酒，都值得您去亲身体验。经过3年以上酿造的泡盛酒，芳香四溢，味道更加醇厚，被称作古酒，非常珍贵。泡盛酒制造方法简单，基本上在家里就可以制作。选一款您喜欢的酒杯，盛一杯泡盛酒，让我们来干杯吧。

酒类数量多达600种以上，品种齐全
泡盛酒专卖店开拓者

古酒家

那霸 MAP 附录P.17 D-3

本店存有大量冲绳造酒场的泡盛美酒，并有精通泡盛的老师傅长驻。为您提供免费试饮空间。

☎098-863-9317 所那霸市牧志1-3-62 营9:00～22:30 休无休 交Yui Rail牧志站步行7分钟 P无

适合酒量小的初次饮酒者 / 适合酒量大的经常饮酒者

酒味温和 / 酒味浓厚强烈，奢华

本店真诚推荐

青樱
清香醇厚、柔和甜美。入口绵、落口甜、饮后口有余香。适合不太擅长喝酒的人。
神村酒造●720mL，25度，1512日元

首里城正殿
象征着琉球王国的历史与文化的最大木造建筑物——首里城正殿，此酒以它命名。酒本身的香气再渗入酿酒桶的清香，使得入口甘美而醇和。
Masahiro酒造●720mL，25度，2160日元

请福红酒
百分之百3年熟成奢华古酒，因其具有古酒特有的浓厚香醇，备受烧酒热爱者青睐。
神村酒造●720mL，30度，1944日元

Marudai
口感绵软至极。适合第一次尝试喝泡盛酒的人。
今归仁酒造●720mL，30度，2880日元

熟成十年古酒 古都首里
百分之百十年陈酿古酒，芳醇浓郁。不负众望的高大上外观，味道更是浓郁芬芳。
瑞穗酒造●720mL，40度，4104日元

三年古酒 南光“光”
每年限量生产5000瓶的珍贵稀少酒。44度的古酒，香气浓厚，余味爽净。
神谷酒造所●720mL，44度，3085日元

琉球人行列绘卷 雪莉樽贮藏
由首里最古老的酿酒厂瑞穗酒造酿造。用雪莉酒桶酿制成的限量版名牌原味酒。
瑞穗酒造●720mL，40度，5800日元

古酒家
具有古酒特有的甘甜香醇的十年陈酿酒。入口绵柔，滋嗓润喉，余味悠长。
今归仁酒造●720mL，35度，4320日元

A 御殿山

首里 MAP 附录 P.15 F-2

可以感受到冲绳荞麦面起源的传统空间

店铺有150余年的历史，是设有红瓦的传统琉球屋舍。有加入胚芽的荞麦面和纯荞麦面两种选择。游客可以在传统的空间里感受冲绳的文化。

☎098-885-5498
所那霸市首里石岭町1-121-2 营11:30～16:00(Last Order15:30) 休周一
交乘巴士石岭团地入口下车、步行5分钟 P有(17个)

B 面店 TAIANDA

那霸 MAP 附录 P.19 E-1

在不懈的努力下研制出生面和汤料

店名的寓意是，“耗费了很多的时间和精力”的面店，由此可以感受到店家对制面的热爱。口感非常棒的生面和清香可口的汤汁让人欲罢不能。

☎098-861-1152
所那霸市天久1-6-10FOUR SEASONS COURT 1楼
营11:00～15:00(售完为止)
休周一
交Yui Rail Omoromati站步行15分钟 P有(20个)

C 首里荞麦面

首里 MAP 附录 P.18 C-3

美味惊人的名店

被称为冲绳第一，很有嚼劲的面和清爽的汤汁取得了非常好的平衡。对荞麦面的热情成就了独一无二的口感。

☎098-884-0556
所那霸市首里赤田町1-7
营11:00～15:00(售完为止)
休周日 交Yui Rail首里站步行5分钟 P有(7个)

D Mutumi桥Kadoya

那霸 MAP 附录 P.17 D-3

受到六十多年喜爱的热荞麦面

洋溢着家庭温暖的店。来这里的客人很多，有当地人祖孙三代都很喜爱这里的;也有“只要来冲绳就一定要先来这里的”明星，铁杆粉丝超级多。

☎098-868-6286
所那霸市牧志1-3-49
营11:30～18:00(售完为止) 休周二、其余时间不定休 交Yui Rail美荣桥站步行5分钟 P无

冲绳荞麦面名店介绍

浸泡在美味汤汁里的荞麦面

用小麦粉制成的非常筋道的面，加上鲣鱼和豚骨熬制的汤料，成就了冲绳的招牌美食。让我们一起去尝一尝每个店最拿手的味道吧！

B 猪排骨肉荞麦面(中) 780日元

猪蹄、鲣鱼、杂鱼干等熬制而成的汤料，散发着海鲜的味道。因为想让客人先品尝到面和汤汁的味道，所以把肋骨肉放在别的小盘子中提供

C 首里荞麦面(中) 500日元

发扬了鲣鱼味道的名店。浓厚美味的汤汁，在唇舌间流转。有独特口感的手擀面，从每天早上4点开始制作

D 牛里脊荞麦面 500日元

用没有油脂且柔软的里脊肉制成的一碗面。不断火熬制而成的高汤和绝配的粗面，值得回味

A 胚芽suba（中）570日元

清爽可口的汤汁搭配独家制作的荞麦面，并且附带一小碟配菜，非常可口

E 软骨荞麦面（中）550日元

细细的但富有弹性的龟滨面和精心调制的浓厚汤汁，搭配入口即化的软骨肉片，让人赞不绝口

F Special荞麦面 700日元

在制面所特别定制的，筋道且又长又细的面条。精心去除涩味这一步骤，成就了清爽而又富有层次的汤汁。用来盛面的碗也是店长亲自烧制而成的

G “三枚肉”荞麦面（中）620日元

精心花费三天时间熬制的上乘汤汁，加之劲道的细面和煮制的咸甜口肉片，合成一碗令人念念不忘、回味无穷的荞麦面

H 猪排骨肉荞麦面（大）700日元

清澈的汤汁是这碗面的特色。这种汤汁可以很好地和面融合，入味。还可以根据个人喜好加入艾蒿

E 龟KAME荞麦面

那霸 MAP 附录P.16 A-2

可以特别定制！服务精神旺盛的店

龟滨面的从最开始的路边摊开始出名，随着人气的增长，店面也越来越大。艾蒿和葱可以随意无限量添加。

☎098-869-5253

所 那霸市若狭1-3-6上江洲公寓1楼 营 10:30～17:00（售完为止） 休 周日

交 Yui Rail县厅前站步行13分钟 P 有（8个）

F 荞麦面店Sumanumee

那霸 MAP 附录P.15 D-4

可以感受到用心的一碗幸福面

在住宅区一角的老店。店长付出了无数的心血找到的最完美的味道，受到了很多好评，每天都有很多人去品尝。

☎098-834-7428

所 那霸市国场40-1

营 11:00～16:00（售完为止） 休 周一 交 乘巴士樋川下车、步行2分钟

P 有（12个）

G Shimujyou

首里 MAP 附录P.15 E-2

享受温暖治愈人心的岛屿时光

在传达着古老而美好的冲绳中被国家文化财产认定的建筑物中，可以享受大受好评的荞麦面。美丽的庭院中的满眼绿色可以治愈心灵。

☎098-884-1933

所 那霸市首里末吉町2-124-1

营 11:00～15:00（Last Order） 休 周三 交 Yui Rail市立病院前站步行7分钟

P 有（20个）

H 玉家 本店

南城 MAP 附录P.10 B-3

味道调和非常美味的原始冲绳荞麦面

重视汤、面、食材的比例调和制作而成的荞麦面。清爽的同时又很有嚼劲，是传统的冲绳荞麦面。

☎098-944-6886

所 南城市大里古坚913-1

营 10:45～18:00（Last Order） 休 无休 交 乘巴士岛袋下车、步行3分钟

P 有（25个）

从名护到本部延续的“好吃山道”

本部荞麦面街道

连接名护市和本部町的县道84号，是冲绳荞麦面店竞争激烈的地方。在众多有名的店铺中，重点介绍下面6家推荐荞麦面店。

浓厚美味的叉烧250日元

自家制面木灰制法荞麦面名店中的名店

木灰冲绳荞麦面 岸本食堂

本部 MAP 附录 P.5 D-2

创业110多年，第四代店主传承的味道。同过往一样，柴火将水烧开，然后用灰做出的天然咸水制成的面，筋道美味。设有分店。

☎0980-47-2887

所本部町渡久地5 营11:00～17:30(Last Order)、售完为止 休周三 交距离许田IC约24km P有(13台)

岸本荞麦面(大)650日元
鲣鱼汤和面的美味融为一体，令人感动的美味

令人感动的美味荞麦面

正宗炭烤冲绳荞麦面 岛豚家

本部 MAP 附录 P.5 D-2

除了冲绳岛猪肉、自制的手工面，富含Agu汤汁和鲣鱼节的汤等冲绳食材。颠覆冲绳荞麦面概念的美味。

☎0980-47-7222

所本部町东500-4 营11:00～15:00(Last Order)、售完为止 休周四、周日、国家法定公休日 交从冲绳美之海水族馆开车约10分钟 P有(10台)

特制烤岛猪肉荞麦面1080日元
清淡的汤和筋道的面堪称绝品。烤制的岛猪肉细腻柔软，用筷子就可以轻易夹碎

混合荞麦面800日元
早晨3点开始用木灰制法制作的手工面。好吃的“三枚肉”和猪排骨肉也大受好评

常来常往的客人，热闹非凡的人气店

手工冲绳荞麦面店 鹤屋

本部 MAP 附录 P.4 C-2

很小的荞麦面老店，每天都有本地人光顾。创业60多年，父子间传承的历史悠久的手工面和汤汁是其美味的秘诀。

☎0980-47-3063

所本部町渡久地1-6 营11:10～15:00(Last Order)、售完为止 休周四、周日 交距离许田IC约24km P有(本部市场共同停车场)

猪脚荞麦面700日元
入味的猪脚和蔬菜充足。营养均衡

超爱聊天的Yoshiko的荞麦面

荞麦面屋Yoshiko

本部 MAP 附录P.5 E-3

不仅仅是荞麦面，Yoshiko妈妈开朗的个性也大受欢迎。用猪骨、海带、鲣鱼做的清汤和细面很相配。

☎0980-47-6232

所本部町伊豆味2662 营10:00～17:00(Last Order16:00) 休周五 交距离许田IC约14km P有(10-15个)

自家田地的岛蔬菜荞麦面700日元
使用的食材是店铺后院的山沟里收获的应季蔬菜。让人百吃不厌的面

自家制面荞麦面，加入满满的自家栽培的蔬菜

冲绳传统木灰自制面店很久很久以前

名护 MAP 附录P.5 E-3

使用从炉灶里取出的灰做成的咸水，将传统制法做成的面和扁实柠檬以及紫薯拌在一起，口感清新。

☎0980-54-4605

所名护市中山694-1 营11:00～17:00(售完为止)
休周四(周四如果是国家法定公休日，正常营业)
交距离许田IC约12km P有(10个)

猪排骨肉荞麦面(大)700日元
经过长时间将猪肉汤汁煮出，使猪肉变软。味道一如既往的人气荞麦面

原始的美味，猪排骨肉荞麦面发祥店

我部祖河食堂

名护 MAP 附录P.5 F-3

原本是精肉鲜鱼店。因为大量猪肉煮熟后提炼出的美味汤汁和猪排骨肉大受好评，1966年开始作为荞麦面店营业。

☎0980-52-2888

所名护市我部祖河177 营10:00～17:30
休周一 交距离许田IC约11km P有(20个)

肉食爱好者的丰盛菜单

非常好吃的牛排&岛猪肉

对于想用肉来填饱肚子的人来说，推荐即使是美国人也会满意的老店绝品牛排和优质品牌猪肉涮锅、烤肉！

和风88牛排2484日元

肉厚多汁、柔软可口。有您想要的一切

回头客热爱的老字号牛排店

Jacki牛排店

那霸 MAP 附录 P.14 B-3

1953年开店以来，保持着一如既往的味道，品尝冲绳风牛排的老店。店内还有汉堡、TACOS、TACO-RICE。

☎098-868-2408

所 那霸市西1-7-3

营 11:00-次日凌晨1:00 (Last Order) 休 无休

交 Yui Rail旭桥站步行8分钟 P 有(12个)

店内怀旧的菜单招牌，让人感受到店铺的悠久历史

预约 不可

预算 午餐、晚餐1700日元起

嫩牛排2500日元 (L SIZE)

严选澳大利亚产牛肉非常柔软，质量上乘。香嫩烤制，请加入盐、胡椒等佐料一起食用

冲绳饮食文化之一——美式厚牛排

牛排店88国际大道店

那霸 MAP 附录 P.17 D-3

开店约40年的老字号牛排店。位于国际大道几乎中央的位置，非常方便。以20种正宗的美式牛排为基础，精选国产和牛、石垣牛、Motobu牛等县产名牌商品。

☎098-866-3760

所 那霸市牧志3-1-6 2楼

营 11:00～23:00(Last Order22:00)

休 无休 交 Yui Rail牧志站步行5分钟

P 有(合约停车场)

预约 要

预算 午餐1728日元起 晚餐2484日元起

俯瞰国际大道的2层。店内美式氛围

大牛的霓虹灯招牌非常醒目。因为是国际大道的中心地区，所以观光、购物都很便利

美食 ● 冲绳美食

将产地直送的石垣牛和冲绳牛肉烹调至最好吃的状态

铁板烧Sawafuji

预约 希望预约
预算 晚餐8640日元起

那霸 MAP 附录P.16 C-2

老板亲自在产地采购的精选肉，用熟练的手艺用铁板烤制。完全不使用冷冻肉，可以品尝到肉本来的味道。

☎098-860-8803
所 那霸市久茂地2-16-17 Urban Life久茂地1楼
营 17:30～23:00（Last Order 22:00） 休 无休
交 Yui Rail美荣桥站步行3分钟
P 无

除了吧台，还有餐桌和单间

石垣牛肉＆精选冲绳牛排食评套餐7938日元
包括石垣牛肉40g、冲绳牛肉40g做成的牛排，嫩煎山原猪里脊肉，烤海鲜等

品尝炭火烤山原天然极品岛猪肉

岛豚七轮烧 满味

预约 要
预算 晚餐4000日元起

名护 MAP 附录P.5 F-4

Agu和黑猪交配出的岛猪，以略带甜味的肥肉和酥脆的口感为特征，非常适合用作炭火烤肉。新鲜度高的内脏部分也堪称绝品。

☎0980-53-5383
所 名护市伊差川251
营 17:00～23:00（Last Order食物22:00，饮品22:30） 休 周二
交 距离许田IC约10km P 有（10个）

移建冲绳古民宅的店铺。店内有榻榻米座和餐桌座

涮锅套餐3240日元
除了肉之外，还有从山原采摘的时令蔬菜拼盘、小钵菜、煮菜、杂烩粥等（照片是2人份）

拼盘肉1620日元起
盘里装着与酱汁和盐相配的肉的各个部位。根据部位不同，肉的厚度和切割方法不同（照片是3人份）

涮锅品尝稀有珍贵的在来岛猪

今归仁Agu料理一式 长堂屋

预约 希望预约
预算 晚餐4000日元起

今归仁 MAP 附录P.5 E-2

品尝原汁原味的琉球在来岛猪肉和今归仁Agu猪肉。肉质富含大量美味成分，具有强烈的甜味和清爽的肥肉特征。建议涮锅或七轮烧烤肉。

☎0980-56-4782
所 今归仁村玉城710-1
营 17:00～24:00（Last Order食物22:00，饮品23:00） 休 周三
交 距离许田IC约20km
P 有（10个）

店内保持着平和氛围。周末客人很多，所以建议您提前预约

可爱的木头招牌标志

汉堡包
HAMBURGER

冲绳的美式美食。除了快餐食品，讲究食材的豪华汉堡也备受欢迎。

精致的肉饼和面包让人感到非常满足，整个店的美式氛围也非常好！

Café Captain Kangaroo

名护 MAP 附录P.5 E-4

建在海边的冲绳汉堡人气店。精心制作的汉堡富含肉汁，特制酱汁起到提味的作用。制作汉堡的面包也坚持特制，共有12种口味供您选择。

☎0980-54-3698
所 名护市宇茂佐183
营 11:00～20:00(Last Order 19:30)
休 周三 交 距离许田IC约9km P 有(30个)

份量十足的绝品汉堡

Supaki汉堡1000日元
100%的牛肉饼上放上脆脆的培根和炸洋葱圈，一压便成

⇧周末美国人很多，会比较拥挤。店内摆放着大沙发，能够舒舒服服地休息

GORDIE'S

北谷 MAP 附录P.11 D-1

用炭火把100%的牛肉制成的肉饼烤得多汁而又香喷喷的。简单而又奢华的汉堡很受欢迎。包括从早晨开始准备的面包，全部都是手工制作。

☎098-926-0234
所 北谷町砂边100
营 11:00～21:30(Last Order 21:00)
休 不定休 交 乘巴士砂边下车、步行10分钟 P 有(8个)

⇧摆放着50-60年代的美式古董

这是真正的美式汉堡！

双层汉堡组合1200日元
汁多肉厚、无论看起来还是吃起来都很有分量的美式汉堡

Café Captain Kangaroo
ToTo la Bebe Hamburger

本部 MAP 附录P.4 C-3

用100%的国产黑毛和牛、冲绳有名的Motobu牛制作的肉饼堪称绝品。另外，手工做的面包，寒绯樱熏制的培根、国产蔬菜等，使用食材都非常考究。

☎0980-47-5400
所 本部町崎本部16
营 11:00～15:00(Last Order)
休 周四、周五 交 距离许田IC约20km
P 有(8个)

⇧有榻榻米，带着小孩子也很安心

在古民宅风的店内品尝汉堡

特制汉堡1200日元
能品尝到的绝品，里面有手工做的肉饼和面包、培根和香浓的酱汁。薯条＆小杯饮品500日元

墨西哥薄饼&肉酱饭

TACOS & TACO-RICE

冲绳有很多硬硬的墨西哥薄饼。肉酱饭便是从墨西哥薄饼演变出来的。

Taco肉酱、芝士、蔬菜充足的墨西哥料理也是冲绳的有名美食

King Tacos 普天间店

宜野湾 MAP 附录 P.11 E-3

作为TACO-RICE发祥店被熟知的King Tacos在全岛共有8家店。其中普天间店讲究细节，坚持使用口感优质的大米、新鲜芝士和新鲜蔬菜。因其美味而闻名。

☎098-892-0705
所 宜野湾市普天间1-24-6
营 10:00～24:00
休 无休
交 乘巴士普天间下车、步行1分钟
P 有(3个)

TACO-RICE发祥店引以为傲的食品

Tacos(4片)600日元
手工制作的墨西哥薄饼口感清脆，和风味丰富肉酱搭配，美味令人陶醉

巨形芝士汉堡400日元
肉饼厚重、味道浓厚、大小和重量令人惊叹的大尺寸汉堡

TACO-RICE芝士蔬菜700日元
辛辣的肉酱、新鲜的芝士和蔬菜、原创无添加的酱汁，非常美味。分量也是满分

店内美式气氛刺激人心。只有利用店前自动贩卖机时才可自带饮料

JAMBARU TACO

名护 MAP 附录 P.12 C-3

一般都是牛肉用作Tacos的肉酱，本店却是用烤鸡作为肉酱，在县内也是极为罕见。在鸡肉上浇上辣椒酱食用很受欢迎。

☎0980-53-4850
所 名护市东江4-1-14
营 14:00～22:00
(Last Order21:00)
休 周日
交 距离许田IC约7km
P 有(2个)

受欢迎的秘密：鸡肉和酱汁

鸡肉芝士饭(中份)730日元
烤鸡和芝士的绝佳搭配。饮品套餐930日元起。可外带

Tacos真正的家乡，墨西哥和南国交织氛围的店内

Tacos(鸡肉)2片480日元
店内以口感劲道的墨西哥薄饼为食材手工制作的三明治。3片660日元。肉可选牛肉

Tacos专卖店 SENOR TACO

冲绳市 MAP 附录 P.11 E-2

虽是朴实无华的简单Tacos，但其食材要一一精心制作。夹满Breit Inchirada和酱菜的热狗也很受欢迎。店内外国客人很多。

☎098-933-9694
所 冲绳市久保田3-1-6 Plaza House 1楼 营 10:00～22:00(Last Order) 休 无休
交 乘巴士Plaza House前下车、马上即到 P 有(Plaza House停车场)

有一种讲究 不拘泥于形式

Tacos 1片216日元
手工制作。在松脆黏黏口感的墨西哥薄饼里加入肉酱和甜辣酱汁

和创业当时一样的氛围

蛋黄酱TACO-RICE(大份)594日元
根据常客的人气艺术家的要求制作的菜式

不管是在吃饭还是喝咖啡，都能近距离感受美丽的大海

海滨餐厅＆咖啡店

介绍一些沿冲绳本岛西海岸而建的人气店
还有一些店设有海景露台，游客在此能够享受宜人的微风
自驾游途中选择一家店去看看吧！

从绝佳的位置看到的美景令人感动

万国津梁馆 Café Terrace

名护 MAP 附录 P.9 F-1

在2000年举办的九州·冲绳峰会的主会场、万国津梁馆一角的咖啡店。建在岬的顶端，在露台座的约会将是非常美好的时刻。

☎0980-53-3155
所 名护市喜濑1792
营 10:00～17:00（Last Order16:30）
休 不定休
交 距离许田IC约5km
P 有（130个）

1. 在阳台上感受海风和海浪的声音
2. 峰会时各国首脑坐过的椅子摆放在店内
3. 太阳 TACO-RICE 994日元

享用美味薄煎饼的幸福早餐

HAWAIIAN PANCAKES HOUSE PAANILANI

恩纳 MAP 附录 P.9 E-1

本着“如果吃了健康的早餐，这一天会幸福而又充满活力”这种想法，供应可口的早餐。配着黄油牛奶，大口地吃着蓬松薄煎饼。

☎098-966-1154
所 恩纳村濑良垣698
营 7:00～17:00(Last Order16:30)
休 无休　交 距离屋嘉IC约8km　P 有(20个)

1. 夏威夷食堂的氛围
2. 坚果薄煎饼800日元
3. 煎培根薄煎饼1000日元

享受日落、讲述旅行记忆的空间

Location Dining Calm

恩纳 MAP 附录 P.8 B-3

您可以一边欣赏甘蔗田的海上日落，一边品尝冲绳的创意美食。除了创意料理外，菜单还包括经典的冲绳菜肴以及使用红Agu猪和Motobu黑毛和牛的套餐料理。

☎098-964-5505
所 恩纳村山田501-3 2楼
营 17:00～23:00(Last Order22:30)
休 周日
交 距离石川IC约7km
P 有(20个)

1. 并排朝向窗户的座椅
2. 店铺设在海洋商店的二层
3. 从手边开始西式白肉鱼片1150日元、Agu串1180日元、冲绳青木瓜沙拉680日元(不加税)

充满私人海滩感觉的海滨咖啡店

浜边的Tipi Cafe

1. 最受欢迎的Tipi TACO-RICE 1300日元。果汁套餐+300日元
2. 店内充满了度假感觉
3. 海风舒畅的露台座

名护 MAP 附录 P.8 B-3

Malibu海滩内的咖啡店。露台座位的对面是平浅的大海，可以眺望无尽的地平线悠闲度日。10人以上饮品无限续杯的BBQ聚会(请提前3天预约)大受欢迎。

☎098-982-5605
所 恩纳村山田3088-1(指南冲绳内)
营 11:00～17:00(Last Order16:30)
休 不定休　交 从石川IC开车约5km
P 30台(共有)

这个也想吃 那个也想要

美食

Okinawa Gourmet at Roadside Station

恩纳村农水产品贩卖中心 恩纳站 Nakayukui市场

恩纳 MAP 附录 P.8 C-3

想要品尝各种美食的美食家常去的个性派美食地

对冲绳本地人来说也是非常有人气的农水产品、特产品、加工品市场。除了岛上蔬菜和南国水果，以味道著称而又个性十足的冷饮店鳞次栉比。推荐边走边吃！

☎098-964-1188
所恩纳村仲泊1656-9 营10:00～19:00
休无休 交距离石川IC约4km
P有（133个）

食品站 A·D·A·N（Adan）

油豆腐套餐和中味汁等饭类，还有天妇罗和饭团等丰富多彩的食物。

乌贼墨汁饭团
食材丰富、乌贼墨汁超级美味。150日元

冲绳特产猪脚专门店 猪三郎

混合了黑醋和县产熟成味噌的南蛮酱渗入其中。

炸猪脚块
表面酥酥脆脆、内里细腻柔软。550日元（2个）

寿味屋食品

从读谷村都屋渔港每天卸货的鲜鱼作为原材料。饺子和辣藕很受欢迎。

鸡蛋卷
裹着煮鸡蛋的奢华鱼糕。150日元

章鱼丸
裹着章鱼丁的香辣鱼糕。350日元（6个）

炸虾
因为虾被包裹着，鲜味十足，食感倍增。150日元

恩纳村水产品直销店

恩纳渔业协同组合旗下的水产品直销店。可以吃到海蕴盖饭和乌贼墨汁。

海胆酱汁烤贻贝
贻贝上涂上满满一层海胆酱汁。120日元

海胆酱汁烤龙虾
龙虾上涂上满满一层海胆酱汁。1500日元

服务区 嘉手纳

嘉手纳 MAP 附录 P.11 E-1

可以看到嘉手纳基地的美食点

在基地占了83%面积的嘉手纳町内，设有资料馆兼能进行和平教育的服务区。除了地域特产品之外，也出售军机明信片和徽章。

☎098-964-1188
所恩纳村仲泊1656-9
营10:00-19:00 休无休
交距离石川IC约4km
P有（133个）

Nabi屋

琉球茶屋。再现"冲绳奶奶的味道"，Sata andagi很受欢迎。

Sata andagi
包括黑糖、肉桂、芝麻、花生、李子五种材料。分量大。550日元（5个）

冲绳 Zenzai
在金时豆煮软的Zenzai里加上软软的刨冰。使用冲绳黑糖。300日元

UP-KITTY

1975年创业。老字号餐厅，和西中式菜肴丰富。一边享受美食一边从窗口看着基地的美式风格餐厅。

巨型芝士汉堡
芝士、圆葱、西红柿等简单材料，令人怀念、风味十足。630日元

空中休息室

在4楼展望台中设有休息室。冰淇淋大受欢迎。

野国芋冰淇淋
使用嘉手纳特产的醇厚香甜的野国芋。300日元

从眺望台参观嘉手纳基地

从展望台可以参观道之站对面的广阔嘉手纳基地。来实情实景地感受拥有4km滑行道和一年7万次起落的美军飞机吧！

三矢本店

在冲绳拥有3家店。Sata andagi和创意甜品的人气店。

三矢黄金球

软糯食感、大受好评的创意甜品。100日元

服务区 Para

店内拥有体现冲绳灵魂的食物。Chanpuru便当和黑糖Zenzai在冲绳当地人当中也很有人气。

猪肉鸡蛋饭团

200日元。中间夹着烤午餐肉的本店招聘食品

Chagu炸肉排

200日元。使用肉质细腻的Chagu猪肉

面包工房 Lagare

主要销售使用冲绳食材的甜面包和烹饪面包。也出售奶昔和咖啡。

屋我地的咸面包

品味屋我地岛产盐的味道。110日元

道之站泡芙

牛奶做的泡芙。150日元

冲绳天妇罗店

店内有厚厚的冲绳式天妇罗。使用海蕴和近海鱼做出的天妇罗堪称绝品。

天妇罗各种

炸苦瓜60日元、海蕴天妇罗60日元、炸鱼天妇罗60日元

服务区 许田 山原物产中心

名护 MAP 附录P.7 D-1

在屋顶一边眺望碧海一边用冲绳美食填饱肚子吧!

处在北部自驾游的重要位置，一天中会来很多游客，非常热闹。北部收获的南国水果和特产品丰富，美食区和外面的过道商店因提供本地食品大受欢迎。

☎0980-54-0880
所 名护市许田17-1
营 8:30～19:00(店铺有所不同)
休 不定休 交 距离许田IC约1km
P 有(137个)

自驾游

自驾游途中供人小憩的服务区和商店是可以品尝本地美食和甜品的地方。
下面介绍严格选出的4家推荐美食店。

Farmer's Market Itoman Umantyu 市场

JA的野菜、水果的直销店。因为系满是农业发达的地区，所以物产丰富又新鲜。

☎098-992-6510
营 9:00～19:00 休 无休

↑只有在冲绳才可以看到的食材摆放一排。只是看到这种场景就很开心

系满渔业协同组合 鱼中心

从系满捕获的鱼和县内外各地的新鲜鱼都会涌入这里，所以在此可以吃到各类鱼贝。

☎098-992-2803
营 10:00～19:00
休 店铺有所不同

海鲜便当

中心内可以大快朵颐。金枪鱼盖饭500日元、海鲜盖饭580日元

系满市物产中心 游食来

包括离岛在内的县内全部地区的加工品、工艺品、点心等等聚集于此。是特别适合购买土特产的地方。

☎098-992-1030 营 9:30～19:00 休 无休

天八

☎098-992-8202 营 11:30～18:00 (Last Order17:00) 休 不定休

岛猪排汉堡

据说选用的猪是只吃菠萝长大的。400日元

服务区 系满

みちのえきいとまん

系满 MAP 附录P.19 E-3

汇集当地特产

在那霸机场附近，适合观光途中或等机时为消磨时间而前往。由5个团体组成，物产中心、JA农家、鱼中心都是游客聚集的地方。

☎098-987-1277(情报指南吧台)
所 系满市西崎町4-20-4
营 9:00～18:00 休 无休
交 距离那霸机场航站楼约9km
P 有(395个)

参观生产美味

到冲绳特产的食品、饮料的生产现场亲眼见证

可以触摸到作为啤酒原料的麦芽和香料

将粉碎后的麦芽加热成为麦汁的巨大加热锅炉排成一排

把酵母加入麦汁中进行发酵的影像重现

观看通过机器制作完成啤酒的过程感觉很满足

Orion Happy Park

名护 MAP 附录 P.12 C-3

推荐喜欢啤酒的人免费试饮加参观工厂

冲绳的代表性啤酒——奥利恩啤酒主办的工厂参观。有向导带领参观制造工序。参观后，一人可以试饮两杯从工厂直接发送的生啤酒。

所 名护市东江2-2-1
营 9:00～19:00
休 无休
交 距离许田IC约7km
P 有(20个)

种类繁多的奥利恩特色产品商店

餐厅。品尝啤酒和使用地方食材的料理

参观后，试饮由专门工作人员准备的新鲜生啤

工厂参观指南
☎0980-54-4103
所要 约60分钟 需要时间 9:20～16:40(1天23次)
预约 通过电话或网址预约
费用 免费 休 无休

忠孝酒造株式会社

丰见城 MAP 附录 P.10 A-3

可以体验、参观、购物的泡盛主题公园

在那霸机场附近，不仅可以体验泡盛制造、参观制造工序，还可以试饮来找到自己喜欢的酒。地下仓库有古酒储存系统，最多将酒保存20年。

所 丰见城市伊良波556-2
营 9:00～18:00
休 无休
交 距离那霸机场航站楼约5km
P 有(50个)

工厂参观指南
☎098-851-8813
所要 约60分钟 需要时间 9:00～18:00(最晚入厂时间17:00)
预约 当日可 费用 免费 休 无休

忠孝窑制作的用来储存泡盛的瓮

在店内新酒和古酒都可以试饮

人工把作为原料的大米洗净

把洗净的大米放入蒸器中一点点地蒸

地釜常压蒸馏机中蒸馏。作成泡盛的原酒

由熟练工匠精心打造的大瓮

把Sugar cane放入压缩机，榨出糖汁

将黍汁通过一到四号窑，去掉废物的同时煮沸

手工作业细心包装，便做好了

在店内可以试吃做好的黑糖

的工厂

泡盛、黑糖、冲绳牌子的啤酒、海盐。冲绳特有的食品、饮料制造现场。通过试吃试饮享受品尝成品的乐趣。

冲绳黑糖

读谷 MAP 附录P.8 B-4

飘着Sugar cane甜美香气的矿物质作成大量黑糖

手工作业收获Sugar cane，在工厂榨好制作成黑糖。可以参观工厂内的制作场景，也可以体验冲绳狮子图案的原创黑糖制作。（60分钟2000日元）。

所 读谷村座喜味2822-3
营 8:30～17:30 休 无休
交 距离石川IC约9km P 有(30台)

工厂参观指南
☎098-958-4005
所要 约10分钟 需要时间 8:30～17:00(最终手续受理)
预约 15人以上团体需要预约
费用 免费 休 无休

可以参观黑糖制作全部工序的工厂非常罕见

风味浓厚的冲绳黑糖蛋糕670日元。烤着吃也非常美味

大型牛和猪的雕塑

从左开始黑糖(加工)、粉黑糖(加工)各540日元

冲绳狮子面黑糖制作体验。请提前一天预约(10岁以上)

Nutima-su 观光制盐工厂

Uruma MAP 附录P.7 D-4

在离岛的盐工厂，还有丰富的创意特产

被冠以"生命之盐"名字的冲绳海盐Nutima-su Salt的生产工厂。可以参观把面前广阔大海的海水制造成盐的工序。销售大约80种点心、调料和化妆品。

所 Uruma市与那城宫城2768 营 9:00～17:30、餐厅10:00-17:30(Last Order 17:00、午餐11:00-15:00 Last Order) 休 无休
交 距离冲绳北IC约23km P 有(40台)

海的成分保养肌肤的牛奶盐3396日元(250g)

盐味土豆(右)、梅盐土豆(下)各173日元(30g)

以珊瑚为灵感的化妆品、ryumine系列

Nutima-su Salt 1080日元(250g)。也有方便使用的瓶装

眺望着大海悠闲地购物

加入Nutima-su Salt的盐味猪肉(1500日元)料理受到好评

工厂参观指南
☎098-983-1140
所要 约10分钟
需要时间 9:00～17:30(最终手续受理) 预约 团体需要预约
费用 免费 休 无休

位于冲绳本岛东面的宫城岛上

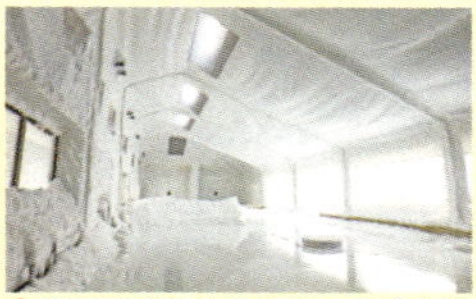
拥有专利的制盐方法，在空中瞬间将海水结晶化(注:禁止进入)

盐类专家认真检测。Nutima-su Salt成品

用新鲜多汁的水果滋润你的心灵和身体

热带水果甜品

在南国阳光中茁壮生长的新鲜水果既美味又健康!

A 刨冰店 琉冰

恩纳 MAP 附录 P.8 C-3

恩纳站非常醒目的店铺 水果&蔬菜的美味

"恩纳站"(P.140)的招牌店铺。从合作的农家收取种类丰富、新鲜采集的各种水果、时蔬等物。店里除了蓬松可口的刨冰以外，还有加年糕片的红小豆粥、果汁、冰淇淋等甜品。

☎090-5932-4166
所 恩纳村仲泊1656-9 营 10:00～19:00(Last Order、11月—次年2月10:00-18:00 Last Order) 休 无休 交 距离石川IC约4km P 有(恩纳站停车场)

A 有丰富的水果浇盖的"冰山"1080日元

用杧果和各种当季的热带水果浇盖的Happy Size刨冰

B Vita Smoothies

那霸 MAP 附录 P.17 D-2

因为太阳的恩惠，得到美味的营养成分

用冲绳县地产的杧果、紫薯、苦瓜等精致的食材所制作的冰沙饮品。集丰富的酵素和维生素于一杯，慰劳一下自己的身体。

☎098-863-3929
所 那霸市牧志2-17-17 Makishi Building 1楼
营 10:30～20:00(Last Order 19:30) 休 周二
交 Yui Rail美荣桥站步行2分钟
P 无

B 色彩斑斓的紫薯香蕉 600日元

使用地产紫薯。以豆奶为基地调和的非常健康，让你的味觉超级满足的饮品。

B 热带杧果 680日元

喜欢杧果的人一定要品尝! 加入了凤梨和猕猴桃，独特的清爽。

C Ark Café

本部 MAP 附录 P.4 C-2

眺望着蔚蓝的大海，吃着美味的冰淇淋

沿着冲绳的道路走，一定会被吸引的冰淇淋店。有着绝佳景色，并出售冰淇淋的咖啡店。拥有12种口味以上的冰淇淋，可以展望风景的平台屋顶让人难忘。

☎0980-51-6565
所 本部町浜元950-1 营 11:30～18:00(Last Order 17:30) 休 每月第一个周日 交 距离许田IC约24km
P 有(40个)

D 招牌杧果刨冰 2000日元

用一个完整的新鲜杧果，以及冰淇淋和布丁等制成的刨冰，仅限夏季贩卖

C 彩虹芭菲 850日元

用三种冰淇淋以及丰富的水果和手工制作的华夫饼所制作的芭菲。

D 绵绵冰 580日元

彩虹色的入口即化，绵密可口的夏威夷刨冰

D 田中果实店

恩纳 MAP 附录 P.9 D-2

应援种植水果的农家! 高品位的芭菲&特产

从周围的农家采摘的，以杧果为首的新鲜南国水果，把水果制成美味的芭菲以及果酱。店面是夏威夷的日式杂货店的风格，非常具有特色。

☎070-5279-7785
所 恩纳村濑良垣2503
营 11:00～18:00(Last Order 17:30)
休 周二、周三 交 距离屋嘉IC约6km P 有(8个)

以成熟的杧果、凤梨等优质的水果为原料，无添加无色素的冲绳精品特浓果酱。1000日元起

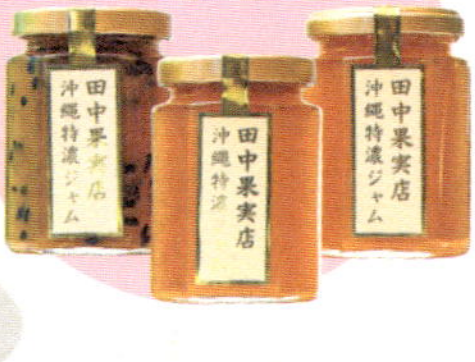

在岛屿南部体验清凉甜爽的舒适

冰爽的冲绳岛甜品

在煮甜的金时豆上铺满刨冰的冲绳流派红豆粥，有年糕丸子的冰淇淋做成的芭菲等清凉的甜品大受欢迎。

B 牛奶金时 450日元
加入了炼乳的冲绳年糕红豆粥。盛满了绵密的刨冰和甘甜的金时豆

A 刨冰年糕红豆粥 280日元
用心制作的金时豆在嘴中蔓延开来。可外带

C 白熊 626日元（大份）
著名的特产白熊。因为入口即化且绵密的冰而出名，有很多的粉丝。486日元(mini)

C 年糕芭菲 626日元
紫薯、南瓜、胡萝卜、艾草所制成的年糕团子的豪华芭菲

B 草莓牛奶金时 500日元
炼乳+草莓糖浆，大约有25cm高，一瞬间就吃光啦

A 新垣年糕红豆粥店

本部 MAP 附录 P.5D-2

菜单只有刨冰年糕红豆粥！

开业以来50多年，一直努力地保持原味的，坚守味道的刨冰年糕红豆粥店。软软绵绵的刨冰和丰富的黑糖蜜腌制的金时豆得到了很好的平衡，口感极佳。

☎0980-47-4731

所本部町渡久地11-2 营12:00～18:00(售完为止) 休周一(周一是国家法定公休日时周二休息) 交距离许田IC约24km P无

B 千日

那霸 MAP 附录 P.14 B-3

拥有超高支持率的那霸老店

被各个年龄所喜爱的休息场所，从先辈传承下来的刨冰制法，使刨冰像雪花一样蓬松且绵密，从而消除一整天的疲惫感。

☎098-868-5387

所那霸市久米1-7-14 营11:30～19:00(夏季11:30-20:00) 休周一(周一是国家法定公休日时周二休息) 交Yui Rail旭桥站步行10分钟 P有(2个)

C INAMINE

系满 MAP 附录 P.19 F-4

金时豆的味道非常绝妙，著名的"白熊"

以著名的"白熊"为首，冲绳年糕红豆粥、芭菲、冲绳荞麦面等，可以代表系满家乡味道的饭店，一直以来都非常受欢迎。

☎098-995-0418

所系满市系满1486-3 营11:00～19:00(Last Order) 休周二 交乘巴士双子桥下车、步行2分钟 P有(10个)

可以代表冲绳风味的享受热带风情！

Blue Seal 国际大道店

那霸 MAP 附录 P.16 C-3

在美国诞生，被冲绳养育的Blue Seal。店内常备20种不同口味的冰淇淋、西柚及珍珠奶茶值得回味。处在国际大道的中间路段，观光之余可以进店休息品尝。

加入杧果果汁的冰淇淋，一个球340日元。两个球580日元

凤梨冰淇淋+苏打果子露=蓝色波浪

美味的紫薯牛奶上漂浮着冰淇淋。S size 440日元

☎098-867-1450

所那霸市牧志1-2-32 营10:00～22:30(周五、周六10:00-23:00) 休无休 交Yui Rail县厅前站步行10分钟 P无

在大自然中放松，被自然治愈

景色绝佳的海边咖啡店&森林咖啡店

**深蓝色的大海，茂密的绿色植物
尽情享受冲绳自然风光的同时，去咖啡店悠闲地享受美食和甜品吧！**

眼前广阔的美景滋润心灵 岛上蔬菜为身体提供能量

Café Kokuu

今归仁 MAP 附录P.5 D-2

建在完全没有遮挡物的高台上，一边眺望着遍布全景的大海一边享受美食。其中“Kokuu拼盘”最受欢迎，是用岛上蔬菜做的八道菜被可爱地摆放在冲绳的盘子里。

1.感受海风的绿色特等座
2.开放的店内视野开阔
3.好像建在地平线上一样
4.Kokuu拼盘1200日元

☎0980-56-1321
所 今归仁村诸志2031-138 营 11:30～18:00 (Last Order 食物16:30 饮品17:00) 休 不定休
交 距离许田IC约27km
P 有(30个)

从高台俯瞰大海，品尝泰国厨师的料理

Café Kurukuma

南城 MAP 附录P.10C-3

从高台可以眺望太平洋的外景咖啡店，在这里可以品尝到用自家农场栽培的香草、香料以及当地收获的季节蔬菜、水果做的地道民族料理。

☎098-949-1189
所 南城市知念知念1190
营 10:00～19:00（Last Order）（10月—次年3月10:00~18:00）
只有周二—17:00（Last Order） 休 无休 交 乘巴士知念下车、步行15分钟
P 有（50个）

1

2

3

1. 吧台座对着的大窗户对面便是开阔的海洋 2. 入口处盛开着漂亮的应季花卉 3. 人气的露台座。可以看到翡翠蓝色的大海 4. 可以品尝3种咖喱的Kurukuma特制料理1570日元

海浪拍打的地方正好是海景台

浜边的茶屋

南城 MAP 附录P.10C-3

从沿着海岸的入口下楼梯，您将进入带大窗户的开放式店内。平浅的大海在您面前蔓延开来。您可以感受着舒适的海风，同时享受着小吃、自制蛋糕和咖啡。

1

2

3

☎098-948-2073
所 南城市玉城玉城2-1 营 10:00（周五~周日8:00、周一14:00）——20:00（Last Order 19:30）、周一是国家法定休息日时10:00- 休 无休 交 乘巴士新原海滩下车、步行10分钟 P 有（30个）

4

1. 从吧台座透过窗户眺望大海
2. 满是蔬菜的乡村风三明治594日元
3. 天气晴朗的时候想在这里悠闲地看着大海
4. 随时举行演唱会、瑜伽进行等活动

洋溢着成熟可爱少女心的咖啡店

CALiN cafe + zakka

屋我地岛 MAP 附录P.5F-2

人气甜甜圈店“Shima甜甜圈”的姐妹店。这里以甜甜圈为主，也有原创甜品和蔬菜的午餐。杂货区出售以县内艺术家为主的手工艺品。

☎0980-52-8200
所名护市运天原522
营11:00～17:00（周六11:00~16:30、Last Order 关店30分钟前）
休周一
交从许田IC开车约30分钟
P有（6个）

1.充满树木温暖的店内。里面的小屋可以脱下鞋子放松一下
2.古民宅的时尚改装。孔雀蓝墙非常醒目
3.想要的各种杂货错开排列
4.Shima甜甜圈和自家制冰淇淋甜甜圈410日元

在与深绿色融为一体的露台上享用美味的自制比萨

Café Ichara

本部 MAP 附录P.5E-3

在热带森林的包围中享受自制披萨。在石窑烤制的黏稠口感面料上，配上大量的当地新鲜食材。并且当地陶艺家制作的个性器皿给菜肴增添了很多光彩。

☎0980-47-6372
所本部町伊豆味2416-1
营11:30～17:00（Last Order16:45）
休周二、周三
交距离许田IC约16km
P有（9个）

1.木屋风格的店内
2.Goya比萨（小）1300日元、海葡萄沙拉1000日元
3.露台座位，极具震撼力的大型原始森林在面前蔓延

1

在山上小屋里眺望大海，享受天然食品

山之茶屋 乐水

南城 MAP 附录P.10C-3

走上石阶，走去店内。利用天然岩石表面富有活力的空间开阔。料理以冲绳乡土料理为主，对身体非常有益。推荐石窑烤制的比萨。

☎098-948-1227
所 南城市玉城玉城19-1
营 11:00～18:00（Last Order17:00）
休 周四 交 乘巴士新原海滩下车、步行10km
P 有（30个）

1. 森林中的露台座。富含负离子
2. 天然食品为主的新鲜套餐1458日元
3. 俯瞰大海的2楼吧台特等座

2

3

GIBO馒头

庆祝时必不可少的首里名吃

首里 MAP 附录P.19 D-1

战争结束后开业的首里点心店。名吃是手掌大小的馒头。用月桃叶包着，入园、入学、参拜寺庙，或是当作零食，都是一如既往的味道。

☎098-884-1764
所 那霸市首里久场川町2-109-1
营 9:00-售完为止
休 周日
交 Yui Rail首里站步行10分钟
P 有(3-4个)

传承创业妈妈的味道，现在女儿作为第二代店主经营店铺

の馒头 150日元

用红色食用色素写着大大の字的"の馒头"(Kibo馒头)

Tannafuakuru 300日元

使用伊平屋岛产的黑糖。冲绳人的大众点心(丸玉制果直销店)

丸玉制果直销店

冲绳代表性的传统手工点心

那霸 MAP 附录P.17 D-2

作为冲绳的传统点心备受赞赏，并且制作方法100多年来未曾改变。原材料除了冲绳产的黑糖外，只有小麦粉和鸡蛋。可以享受其质地湿润的口感和适度的甜味。

☎098-867-2567
所 那霸市牧志1-3-35
营 11:00～19:00(售完为止)
休 周三、周日
交 Yui Rail美荣桥站步行3分钟
P 无

在国际大道附件的店，每天都有工厂新做好的商品到货

始终保持柔和味道的岛屿零食

吃起来令人心旷神怡、味道朴素的点心齐聚一堂。
使用黑糖和泡盛等冲绳特有的食材。

松原屋制果

70年老店的Sata andagi

那霸 MAP 附录P.17 D-3

位于本通市场里的琉球点心店。除了在庆祝时吃的点心之外，还有县民从过去就吃惯的点心。无论是本地人还是观光客都会到这来，总是很热闹。

☎098-863-2744
所 那霸市松尾2-9-9
营 9:00～20:00 休 不定休
交 Yui Rail美荣桥站步行8分钟
P 无

摆满了Sata andagi、Popo等五颜六色的琉球点心

Sata andagi 300日元(大)、60日元(小)

有黑糖、杧果、香蕉、红芋等味道，香味浓郁(松原屋制果)。

首里馒头
180日元(大)、120日元(小)

为纪念冲绳都市单轨电车(Yui Rail)开通专门推出的产品(中村制果)

光饼
150日元(大)、100日元(小)

讲究原材料的珍品。小的10个盒装1200日元、小的15个盒装1800日元(中村制果)

中村制果

匠人所追求的是县民喜爱的味道

首里 MAP 附录P.19 D-3

延续着创业当时的点心味道，并不断改进制作的琉球点心店。点心讲究原材料，一个一个精心制作。飘满月桃香的店里，摆满了首里馒头和光饼等有名的点心。

☎098-884-5901
所 那霸市首里鸟堀町1-24-1
营 9:00～20:00 休 周日
交 Yui Rail首里站步行3分钟
P 无

Yui Rail首里站附近的店铺

想把洋溢着冲绳气质的各种物品带回家

购物

SHOPPING

表现岛屿闲适气质的陶器。
精致又令人感到温馨的杂货
是冲绳独特饮食文化的代表，是不容错过的美味特产。
充满冲绳风情的物品，在旅途后仍带给人无限余韵。

大气又温暖的冲绳陶器

YACHIMU之乡和读谷工房之旅

冲绳陶器YACHIMUN

指冲绳的陶器、陶艺。其根源可追溯至距今300多年前的琉球王朝时代。当时，在与中国、朝鲜、东南亚诸国、日本进行贸易过程中，冲绳陶器在陶艺、色彩、形状、技法等各方面受到影响，独自发展而成。强有力的美丽造型是其魅力所在，现在也诞生了很多艺术家和作品。

读谷村内不仅拥有登窑的YACHIMUN之乡，还有分散在各处进行创作活动的陶艺家。快来感受冲绳的传统、文化和气质吧！

陶器之乡

读谷 MAP 附录P.8 B-4

A 常秀工房 器皿长廊之家

读谷 MAP 附录P.8 B-4

在传统工艺技法上增加独创性及使用便利性

微笑模样的作品很多，粉丝也很多的工房。器皿的重量和线条等细微的部分非常重视使用便利性。质量上乘。

☎090-1179-8260
所 读谷村座喜味2748
营 9:00(周日10:00)~18:00
休 无休
交 距离石川IC约10km
P 有(5个)

A 四寸皿 860日元
常秀工房将传统铁绘菊唐草纹进行原创制作。有各种尺寸

A 杯子&茶托 3020日元
岛袋常秀的吴须蛸拔原创作品。花样既可爱又迷人

A 纽扣配件 320日元起
由店铺工作人员进行的陶艺制作。只是看到就觉得很心动

B 杯子&茶托 2200日元
金城明光的现代花样作品。还有配套咖啡机1万日元

B 读谷陶瓷器共同直销店

读谷 MAP 附录P.8 B-4

与具有非凡吸引力的优秀作品相遇

金城明光、玉元辉政、山田真万、大岭宝清四位陶艺家作品的专卖店。因为都是独一无二的作品，请在店内一边体会作品气息，一边感受一期一会的相遇吧！

☎098-958-4468 所 读谷村座喜味2653-1
营 9:30～18:00(11月~次年4月9:30~17:30) 休 周二 交 距离石川IC约10km
P 有(10个)

B 五寸皿 1800日元
山田真万工房的作品。图案不知是星星还是花，造型有趣的器皿

B 青花瓷带脚的皿 8000日元
大岭宝清存在感很强的作品。图案像跳着舞一样灵动美丽

B 可自由使用的杯子2000日元
玉元辉政工房的作品。无论是用来放泡盛、咖啡或是料理，怎么用都合适

C 半月皿 2700～3240日元

无论是形状、颜色还是图案，在传统中又能感受到新颖。让人感受到与那原正守玩心的半月形的器皿

C 长角皿 1620日元

松田共司制作的传统三彩图案的器皿。图案的排列和形状平静大气

C 四寸Makai 1080日元

松田米司制作的碗。花纹细腻、充满活力。越用越能感受到它的迷人之处

C 高盃皿 2160日元

宫城正享的作品，别名冰淇淋皿。高台的美丽形状令人入迷

D 青花瓷正方板皿 3780日元

白化妆精致的器皿上配着最古老绘画之一的菊纹

D 青花瓷Makai 2592日元

白化妆配菊纹的器皿。放在餐桌上，会感受到它美丽的存在感

D 多目的杯子 2592日元起

手掌大小的舒适尺寸。放饮料或是料理，用法多样

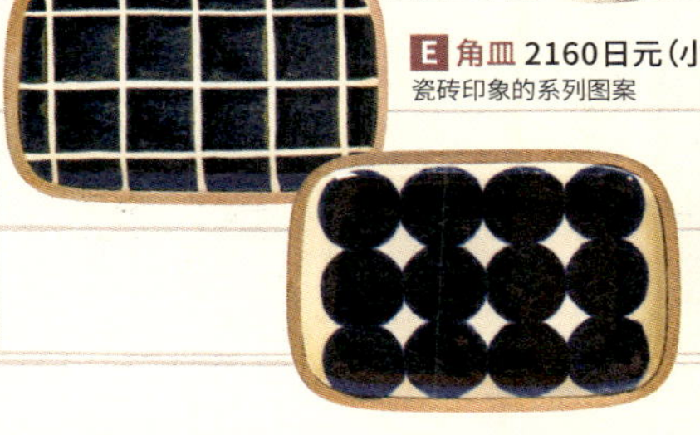

E 角皿 2160日元(小)

瓷砖印象的系列图案

E 马克杯3030日元

又酷又可爱的条纹和点状花纹。以趣味性为目的诞生的作品

C 读谷陶瓷器北窑商店

读谷 MAP 附录P.8 B-4

四位陶艺家北窑作品的专卖店。感受传统和新颖！

陶器之里的四位陶艺家北窑作品的专卖店。作品不拘小节的宫城正享，不断挑战新设计的与那原正守，注重细节的松田米司和豁达大气的松田共司。在店内您会感受到亲切的氛围。

☎098-958-6488 所读谷村座喜味2653-1 营9:30～17:30 休不定休 交距离石川IC约10km P有(5个)

D 陶器工房 壹

读谷 MAP 附录P.8 A-4

要珍惜触及冲绳的自然、风土、历史从内而发的造型

壹岐幸二的陶房、展廊，他的理念是要珍惜在感受冲绳文化和风土的同时产生的造型。美丽的白化妆陶器之外，还有跟随社会潮流的题材作品，存在感很强。

☎098-958-1612

所读谷村长滨925-2

营9:00～18:00 休不定休

交距离石川IC约11km P有(5个)

E 一翠窑

读谷 MAP 附录P.8 A-4

主题是快乐的制作，无论是看到还是用起来都会觉得有趣的陶器。

从土而生的陶器为生活增添了很多趣味性。重视传统的同时，自由地追求可爱和趣味性。还有类似绳文土器的烧陶锅。

☎098-958-0739 所读谷村长滨18

营9:00～17:00 休无休

交距离石川IC约11km

P有(3个)

那霸街的陶瓷器世界

壶屋陶器街

那霸 MAP 附录 P.17 E-3

古时根据琉球王府的命令培养陶艺工匠、制作“壶屋烧”的地方。有很多陶瓷器店和咖啡店。

B 酒器 216000日元
稀有珍宝，金城次郎的作品。笑着的鱼的神情和稳定感的形式令人沉迷

A 酒器32400日元
小桥川卓史（清正陶器）制作的“希望之光”。在第34次县工艺公募展中得到奖励奖

A 高台酒杯 1个4860日元
“希望之光”系列。和酒器是一套

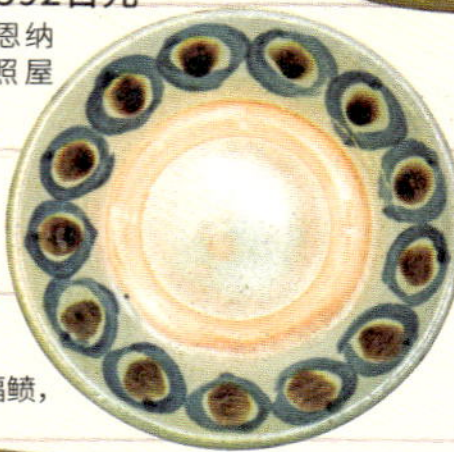

B 七寸皿 2592日元
用登窑烧制的恩纳村照屋佳信（照屋窑）的作品

A 日本蝠鲼啤酒杯 3240日元
图案是可爱表情的日本蝠鲼，使用时会让您心情愉悦

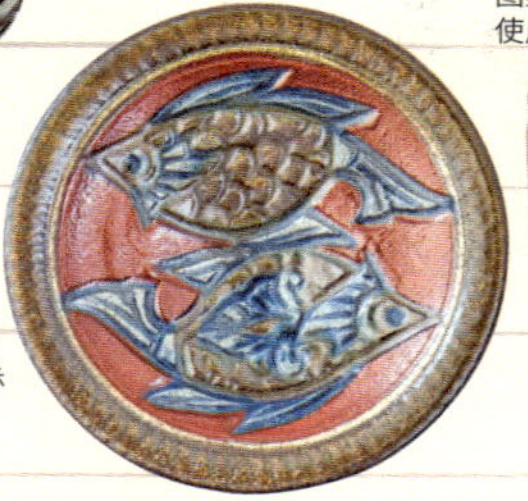

A 茶托 3240日元
雕刻着夫妻鱼的传统赤绘工艺

A 甚平鲛图案的马克杯 3240日元
图案是水族馆的人气动物——甚平鲛，杯子作为送人礼物大受欢迎

A 继承传统、打磨技术的壶屋烧

清正陶器

那霸 MAP 附录 P.17 E-3

素雅红色特征的清正陶器。继承赤绘的线雕鱼纹手法，运用制作新作品。有制作九州·冲绳峰会晚宴位置器皿的经历。

☎098-862-3654
所那霸市壶屋1-16-7
营10:00～19:00
休不定休
交Yui Rail牧志站步行11分钟
P无

B 与可以成为传家之宝的精品相遇

Majiru商店

那霸 MAP 附录 P.17 E-4

店里有在登窑用冲绳土烧制的陶瓷器。店内全都是充满着豁达气氛的冲绳风格作品。也有100年左右历史的贵重古董。

☎098-863-4799
所那霸市壶屋1-22-27
营10:00～18:30
休不定休
交Yui Rail安里站步行11分钟
P无

C 别处见不到的陶瓷器和染织品

真南风Marukatu

那霸 MAP 附录 P.17 E-3

店里陈列着店主收集到的各种各样的特色器皿，您可以根据自己的想法随心所欲地使用。还摆放着乍一看就感觉非常有价值的红型工艺的染织品以及在县内很难找到的作品。

☎098-869-5920
所那霸市壶屋1-21-11 营10:00～18:00 休无休
交Yui Rail安里站步行11分钟
P无

了解冲绳陶瓷器

那霸市立壶屋陶瓷器博物馆

那霸 MAP 附录 P.17 E-3

☎098-862-3761 所那霸市壶屋1-9-32 营10:00～18:00(最晚入场时间17:30) 休周一(周一是国家法定公休日时正常开放) 票 350日元 交Yui Rail牧志站步行10分钟 P无

以壶屋烧为首，简单易懂地介绍冲绳的陶瓷器文化。有冲绳陶瓷器的历史、壶屋烧的技法和制作工序相关的常设展，还有非常有意思的主题展。

C 啤酒杯 4860日元

艺术的色彩令人印象深刻(陶房 樋之龙 / 南城市)

C 四脚杯

各1625日元

可以当作茶杯，也可以作为放料理的器皿(南陶窑 久场政一)

A 咖啡杯＆茶托

5400日元

雕刻着鱼、波纹、唐草等吉祥寓意的图案

B 六寸碗 9450日元

石田诚(爱媛县)的作品。用Majiru商店运送来的冲绳土制作的荒烧器皿

C 红型工艺挂毯

10800日元

以冲绳风土人情为主题的美丽红型工艺(具志红型工房)

C 红型工艺桌布

5400日元

用高雅的颜色染色苦瓜和蝴蝶花样的作品(具志红型工房)

冲绳狮子制作体验

手工制作，家的守护神“冲绳狮子”

位于保留壶屋原貌的后街。在这里进行的陶艺体验，可以选择用冲绳土制作冲绳狮子以及用辘轳制作器皿等项目。在悠闲的岛屿时间里，触碰着舒适的泥土，被激发的创作热情，不自觉地沉迷其中。

注：立着的冲绳狮子制作时间需要约1小时、3240日元。烧制需要约1个月，邮寄1000日元起。

育陶园 壶屋烧 YACHIMU道场

那霸 MAP 附录 P.17 E-3

☎098-863-8611 所那霸市壶屋1-22-33 营9:00～17:30(体验手续10:00～12:00、14:00～16:00) 休无休 交Yui Rail牧志站步行13分钟 P无(请利用附近的停车场)

陶艺体验、手工绘画体验

Textile

红型

独特鲜艳的色彩、令人印象深刻的染色
使用型纸和颜料着色

把红型布嵌入玻璃里面的红型项链2000日元

木槿花等三种花样的红型小挎包1800日元

体验真正的红型色染1500日元起(30分钟起)

红型是用笔从表面刷涂颜色来完成着色

令人喜欢的纸巾袋礼物各950日元(共有4种)

流行的明亮的颜色和可爱的花样很受欢迎
红型KIJIMUNA工房

名护 MAP 附录P.5 E-4

红型艺术家——马场由美子的工房和专卖店，作品特征是以冲绳的自然和生物为主题图案。事前预约的话可以体验只限少人数的红型色染。

☎0980-54-0701
所 名护市宇茂佐178
营 10:00～17:00　休 不定休
交 距离许田IC约9km　P 有(3个)

红瓦屋顶在宁静的村落中引人注目。工房内摆满了各种商品

艺术家们用传统技艺

传递冲绳岛心意的手艺

运用冲绳传统工艺精心制作的物品
让人从作品中感受到手工制作的温暖

用传统工艺——红型的手工制杂货店
TIDAMOON 长山红型 咖啡店 Chufuara

南城 MAP 附录P.10 C-3

在传统工匠的母亲——长山幸子的指导下，姐妹俩用红模制作和销售手工制品。陈列的商品制作讲究，在保留传统技法的基础上加入鲜艳色调。

☎098-947-6158　所 南城市佐敷手登根37　营 11:00～18:00周五、周六11:00～18:00 18:30～22:00 周日11:00～15:00　休 周三
交 乘巴士第二手登根下车、步行5分钟　P 有(8个)

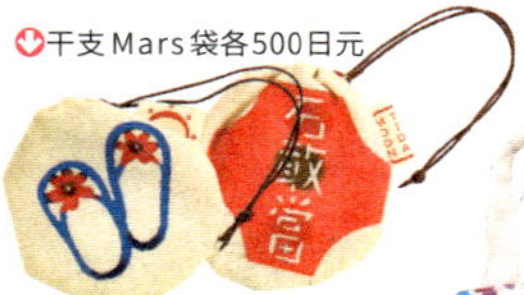

干支Mars袋各500日元

小包1800日元起(左)、3.5寸包3500日元(右)

杯袋2500日元

杯垫550日元起

同时设有一间咖啡店，店主亲自下厨，以中国菜为主

色彩鲜艳的红型商品的一角。可定制

Glass
玻璃工艺

战后，由美军带来的彩色瓶子进行再循环制造而成。加入气泡和厚度的设计。

使用再生玻璃生产的厚厚的暖色系玻璃杯
glacitta

恩纳 MAP 附录P.9 D-2

使用传统的琉球玻璃技法制成富有魅力的再生玻璃杯，讲究大气的形状和不土气的感觉。越是使用，越是让人产生爱惜之情。

☎098-966-8240
所 恩纳村恩纳6347
营 11:00～18:30左右　休 不定休
交 距离屋嘉IC约4km　P 有(2个)

凉爽的景色展现，花雪啤酒杯2484日元。大小方便使用

可以听到工厂里打碎玻璃声音的工房＆长廊

任何场景都适用的白泡啤酒杯1296日元

表面附着颗粒装饰物的杯子(大)1836日元

可以放在窗边和桌子上的带有雪花图案的圆形花瓶(大)2592日元

Metalwork
金属工艺品

继承了自古以来思想的金属工艺品，温情演绎的表达很有魅力。

令人感到亲切的金属配件
cicafu metal work

首里 MAP 附录P.18 B-1

继承具有普遍美感的古典风格的同时，注入了新的感性。质地会随着时间的推移而变化也是其中乐趣之一。

☎098-886-8093
所 那霸市首里仪保町3-9
营 12:00～18:00　休 周一～周五
交 Yui Rail仪保站步行1分钟
P 有(1台)

每种样式都蕴含意义的“cicafu原创链条戒指”43200日元

金属工艺品艺术家喜舍场智子、平泽尚子的独一无二的作品

兼作工房的小画廊商店

胸针5400日元起

在精选商店内与器皿和杂货相遇

寻找好看的艺术品&工艺品

品从有品位的店主挑选的物品中，一定能找到让自己心动的东西。一直珍惜地使用它，每次看到都会想起冲绳。

Craft・Gift yacchi & moon

那霸 MAP 附录P.17 E-3

一定能遇到适合自己的物品，简直就是手工艺品的宝箱

店内摆放的多是县内艺术家制作的器皿和杂货。店铺由冲绳的古民宅改装而成，就像冲绳的主题公园一样。从传统的物品到设计新颖的作品，富于变化。

☎098-988-9639
所那霸市壶屋1-21-9
营10:00～19:00
休无休
交Yui Rail牧志站步行10分钟
P无

小的海蓝色马克杯2808日元、海蓝色4寸皿2268日元

治愈系Lohas狮子各540日元。灰泥质感的也有售

想成对购买的小熊和森林马克杯（右）、一对小熊马克杯（左）各3196日元

冲绳传统酒器4536日元起。作为室内装饰品也非常漂亮

yacchi & moon冲绳肥皂各540日元。一共有月桃、海泥等5个种类

好用的3.5寸碗1706日元起。各种颜色和形状，种类丰富

GARB DOMINGO

那霸 MAP 附录 P.17 D-3

GARB大叔收集的日常精品可以当作礼物送人

GARB精选的物品让日常生活变得更加美好。店内以艺术家精心制作的工艺品为首，更有兼具功能性和美感的世界各国的杂货和食物，装饰高雅，充满享受生活的启示。

☎098-988-0244
所 那霸市壶屋1-6-3
营 9:30～13:00 15:00～19:00
休 周三、周四
交 Yui Rail 牧志站步行12分钟
P 无

优美的外形和质感仿佛是从绘画中走出来一样。灰釉杯子(左)2700日元、灰釉茶壶(右)15120日元(岩田智子)

不断发表令世界惊叹作品的新锐陶艺家。GAP杯子3240日元(今村能章)

用大胆又纤细的笔描绘出传统植物的花样，非常适合和北欧餐具搭配。牛奶咖啡碗2700日元(真喜屋修)

年轻艺术家制作的大理石花纹玻璃杯，从威尼斯玻璃杯找寻灵感，探求与琉球玻璃杯不同的独特世界。各5800日元(比嘉奈津子)

鲜艳冲绳颜色的器皿很受欢迎。可以说是色彩先驱的存在。小碟子1836日元(金城有美子)

craft house Sprout

那霸 MAP 附录 P.17 E-3

诞生于冲绳的温馨物品带给人满满的治愈感

位于壶屋陶器街上的精选商店。老匠人创作的传统作品和年轻艺术家富有感性的作品陈列在一起，您可以触及冲绳器皿所拥有的温馨魅力。另外，还有染织品、玻璃制品、木工制品等。

☎098-863-6646
所 那霸市壶屋1-17-3
营 10:00～19:00(周二10:00~18:00)
休 不定休
交 Yui Rail 牧志站步行11分钟
P 无

自然色调的冲绳小物件，日常方便使用

想成对购买的深蓝色和圆点图案的马克杯。各2300日元(工房Kotorino)

红型的壶屋小猫挂机1550日元(左)、1750日元(右)(红型工房Higashiya)

感受到泥土温暖的简易盘子(宫城陶器)

tituti OKINAWAN CRAFT

那霸 MAP 附录 P.17 D-2

现代生活中充满趣味的工艺品 从“创作者”传递到“使用者”

创作者和使用者之间产生关联的地方。在陶艺、红型、织品、木工等不同领域活跃的艺术家们相互刺激融合，创造出不拘泥于形式的有趣工艺品。从店主那里听到一些商品相关的故事也是一件很有趣的事情。

☎098-862-8184
所 那霸市牧志2-23-6
营 9:30~17:30 休 周四
交 Yui Rail 美荣桥站步行7分钟 P 无

道屯织的盒子状腰包4860日元。有趣的颜色搭配(长池朋子)

轻便易于使用的大口马克杯3780日元(金城有美子)

以日本蝠鲼为主题的时尚图案的红型手拿包8532日元(田中纪子)

发挥了木头特点的木工作品。冲绳木头制作的甜甜圈边盘子，水平线条也很好看(西石垣友里子)

ten

北中城 MAP 附录 P.11 E-2

艺术家在自己能力范围内制作出的令人陶醉的作品

店内摆满了充满人情味的作品，不论哪种类型都是店主夫妻喜欢的东西。并且陈列着县内外的杂货、服饰、工艺品等精致物品。您可以在这里逐一想象作品的故事。

☎098-894-2515
所 北中城村岛袋1497
营 12:00~18:00
休 周一~周三
交 乘巴士永旺梦乐城OKINAWA RYCOM下车、步行10分钟
P 有(5个)

“日月”葡萄酒杯，可以感受到其纤细的玻璃美和芯的强度。即使是阴影的部分也很好看

雕刻家Unit与太郎制作的木铲3996日元和菜板7800日元。也可以作为器皿使用

开放外国人住宅的1层高贵气氛的画廊

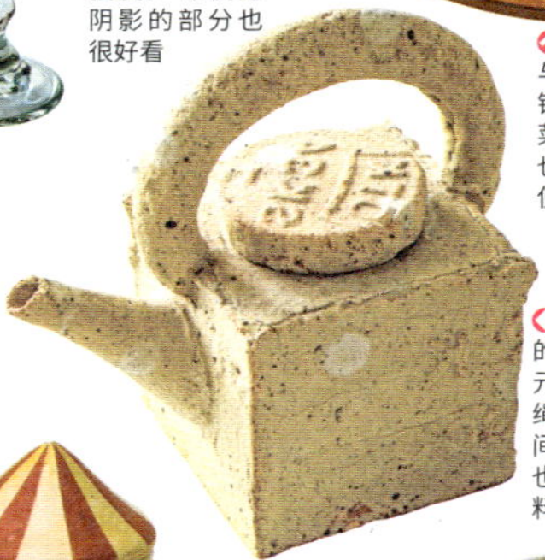

山田义力制作的茶壶16200日元。不仅会对冲绳传统和现代之间的平衡着迷，也会对使用的材料感兴趣

从相遇瞬间的直觉感受到，都是喜欢的东西

拥有独特世界观的增田良平的带盖子的物品6210日元。有了它，餐桌会变得很有趣

创作有趣作品的香月舍制作的泡盛杯子4320日元

杂货店“そ”

宜野湾 MAP 附录 P.13 E-2

想要一直使用的日常幸福元素

外国人住宅改装的小杂货店。每天都要使用的生活杂货，以冲绳为首从日本全国各地搜集而来。从细致的手工工作中诞生的质朴而温馨的作品，越是使用越让人产生爱惜之情。

☎098-898-4689
所 宜野湾市大谢名1-24-18
营 12:30～19:00 休 周三、周四
交 乘巴士中大谢名下车、步行4分钟
P 有（1个）

只有今归仁村的村落里才有的稀少冲绳民艺“Warabi手工艺”。带把手的提篮16000日元起

摆放着很多使用木材、布、玻璃等材料制作的杂货

独特的触感和色彩的图案，很受欢迎的手工染制的手巾1100日元起（Doucatty）

美妙故事吸引人的器皿。水壶5500日元、碗6000日元（Ueda Kiyoaki）

“香月舍”和“So”合作的骷髅系列作品。皿2500日元起、杯子4000日元起

feliz

浦添 MAP 附录 P.13 D-4

喜欢可爱物品的女性想要入手的百货用品

冲绳创作者经营的店铺，店内有可爱的杂货、文具和三线琴等。人气插画家采用冲绳风格的设计绘画的冲绳套娃是非常受欢迎的货品，很多人从全国各地特地来购买。

☎098-879-5221
所 浦添市宫城4-20-11
营 13:00～19:00 休 周日
交 乘巴士第一仲西下车、步行10分钟
P 无

此处才能买到的原创花笠俄罗斯套娃15120日元、小鸟俄罗斯套娃各14040日元

会不断增加货品的种类哦！

MIMURI的包包、大的8100日元、小的3240日元、零钱包3240日元

原创幸福冲绳狮子3240日元起（一对）。滑稽的表情守护着家园。拥有它会变得幸福快乐

搭配Baramaki再好不过了。富有冲绳特色的当地食材

去超市&便利店寻觅美味特产 Selection

想要轻松入手冲绳的日常食品，就去当地人经常光顾的超市和便利店吧。这里陈列着调料、咖喱等各种各样的食材，让您心情舒畅，一饱眼福。

午餐肉
冲绳特色炒菜必不可少的食材，午餐肉盒装版

菜饭之素
在冲绳享用过的特色菜饭，可以在家轻松制作

Habu咖喱
含有Habu酒之精华的当地特色咖喱。入有13种Habu精华，口感绵柔

TACO-RICE
冲绳的灵魂之饭。美味至极，简单易做。备受喜爱

腌牛肉土豆泥
冲绳特色炒菜必不可少的食材，腌牛肉里加入土豆泥，特色品牌

冲绳荞麦面五袋装
鲣鱼海带汤料配上筋道十足的面条，是冲绳方便面的绝品。只在冲绳有售

Kame奶奶的炒菜调味料
只需加入搅拌即可做出正宗的冲绳特色炒菜，不仅用于炒苦瓜，还可用于做龙须面

"三枚肉"煮
毫不费力即可享用正宗味道。肥肉入口即化，瘦肉入味十足

新鲜嫩海蕴汤
趁海蕴鲜嫩的时候采摘并干化，直接放入味噌汤也是美味十足

黑糖黑芝麻果酱
原材料只有黑糖和黑芝麻糊。黑糖浓厚香甜，和黑芝麻是绝妙的搭配

冲绳县产炸紫薯片、苦瓜片
能品尝到原材料本来味道的脆脆口感的薯片

茉莉花茶
冲绳非常有人气的茶。清新的味道和茉莉花的高品质香味特别适合夏天

苦瓜DRY
使用县产苦瓜果汁的当地啤酒。突出点是苦瓜淡淡的苦味

麸Kuramu压缩麸
麸Chanpuru需要的车麸压缩而成。用时好切又不占地方

岛薤调味酱汁
岛薤浓郁的味道，无油调味酱汁

加入国产生姜的黑糖姜
精心熬制的甘蔗和国产生姜粉。可以代替生姜水和砂糖

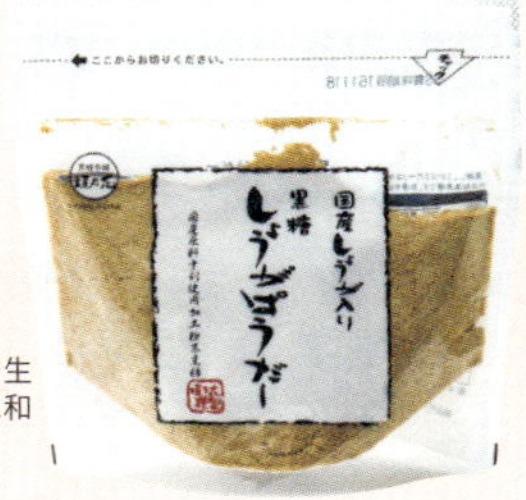

辛辣岛豆腐片
将岛豆腐和小麦粉混合制作的简单零食。脆脆的口感和辛辣的味道让人上瘾

岛辣椒豆
使用岛辣椒、甜度适中的黑糖调味制作的豆子零食。非常适合当作啤酒的下酒菜

上乘andagi混合粉紫薯
用冲绳的代表性点心Sata andagi制作方便的混合粉。紫薯味

推荐超市

Sun-a那霸Main Place

那霸 MAP 附录P.19 F-2

在时尚品、杂货店、电影院等汇集的购物中心里。（Sun-a旗下食品销售店铺在那霸共有13家，冲绳本岛共有61家）

☎098-951-3300
所那霸市Omoromati 4-4-9
营9:00～23:00　休无休
交Yui Rail Omoromati站步行7分钟
P有（2450个）

Town Plaza金秀商事西街市场

那霸 MAP 附录P.14 B-3

那霸机场附近，从国际大道步行大约15分钟。为游客提供丰富的县产品。（金秀商事旗下食品销售店铺在那霸共有10间，冲绳本岛共有58间）

☎098-863-4500　所那霸市西3-3-4
营9:00~次日凌晨1:00　休无休　交Yui Rail旭桥站步行13分钟　P有（100个）

注：刊登商品在上述超市里有售罄的情况。

冲绳有名的特产
金楚糕&紫薯糕

冲绳朴素的传统点心——金楚糕
味道丰富，带给客人选择的快乐。
使用冲绳特产的紫薯制作而成的点心颜色鲜艳，紫色诱人。

金楚糕

为冲绳（琉球）传统食品。酥酥脆脆的口感，包覆甘甜的滋味，是极受观光客好评的高人气点心。648日元（10袋），1080日元（18袋）

黑糖味
冲绳黑糖中非常地道的味道。和涩涩的茶一起搭配味道更佳

珊瑚海盐味
因为加了一点点盐，味道不是很甜

原味
简单，传统的味道，无论是谁都会爱上的味道

芝麻海盐味
适中的盐和芝麻的香味中和后的味道，广受好评

可以一口吃掉的金楚糕

内含小包装，适合送给人数较多的地方。什锦装648日元（24个），1296日元（48个）

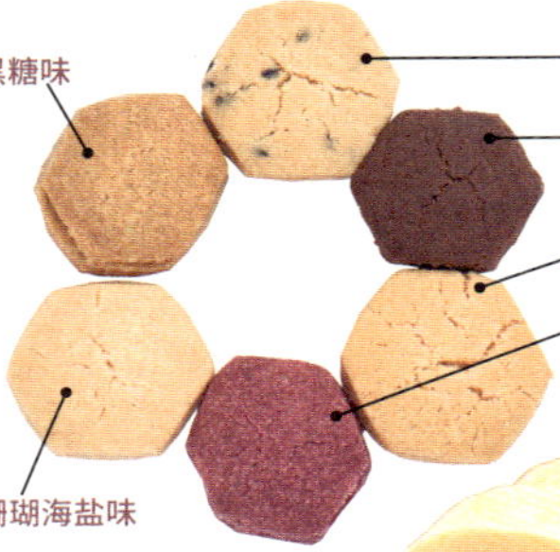

鸡蛋糕

使用大量鸡蛋制成令人怀念的琉球卡斯特拉。1296日元（一块）

Imoimo蛋挞

100%使用冲绳产的紫薯和读谷村特产的橙色果实的紫薯。是鼻祖紫薯饼的姐妹产品。777日元（6个）

紫薯栗子蛋糕

酥饼上盛满了精选的紫薯膏和栗子膏，中间裹了巧克力和卡士达酱。723日元（5个）

紫薯可丽饼

美味的可丽饼中裹着栗子和紫薯制成的馅。702日元（6个）1350日元（12个）

红包

用紫薯馅包着紫薯馅烤制而成的甘薯点心。626日元（6个）

紫薯牛奶包

牛奶风味的外皮，裹着甘甜可口的紫薯馅。648（5个）1296（10个）

华紫

用山药和粳米制成的皮，中间包裹着紫薯馅蒸制而成。648（8个）

把蒸制而成的金楚糕改良成烤制的店家
新垣金楚糕本店 国际大道牧志店

☎098-867-2949
所那霸市牧志1-3-68
营9:30～21:00 休无休
交Yui Rail县厅前站步行10分钟 P无

那霸 MAP 附录P.17 D-3

售卖金楚糕为主的，各种琉球点心。1908年开创至今的老店，新垣点心店。

元祖紫薯糕店 紫薯糕点的开创者
糕点天堂 国际大道松尾店

☎098-862-0334 所那霸市松尾1-2-5 营9:00～22:00（8月、9月9:00～22:30） 休无休 交Yui Rail县厅前站步行3分钟 P无

那霸 MAP 附录P.16 B-3

店铺的装修会让你觉得在游览首里城。以售卖冲绳产的紫薯制作的各种点心为主，以及各种具有冲绳特色的点心和土特产。可以试吃哦。

在大型购物中心舒舒服服地逛街，购买当地特产

T-Galleria 冲绳 by DFS

那霸 MAP 附录 P.19 F-2

日本唯一的即使是国内旅行也可以享受免税的商店

只要不是冲绳本地人，都可以享受免税。可以买到比日本国内的零售价格要便宜30%的世界品牌。购入后的商品可以在离开冲绳时那霸机场的专用柜台取货。

☎0120-782-460
所那霸市Omoromati 4-1
营9:00～21:00(周五、周六9:00-22:00)
注:根据季节，店铺有所不同 休无休
交Yui Rail Omoromati站出来即到
P有(400个)

直接连接着Omoromati站，交通非常便利

豪华的装修风格。也零售冲绳特产

冲绳奥特莱斯购物商场 ASHIBINAA

丰见城 MAP 附录 P.10 A-3

距离那霸机场非常近，在那霸机场起飞前可以顺路购物

从那霸机场乘车15分钟就可以到达。从生活用品到国内外的知名时尚品牌，约100余种品牌的聚集地。并且价格非常优惠。

☎098-891-6000
所丰见城市丰崎1-188
营10:00～20:00
休无休
交距离那霸机场航站楼约7km、距离名嘉地IC约4km P有(1000个)

非常具有冲绳特色的休息场所，开放式空间设计

设有餐厅及快餐店等饮食店，购物之余可以休息

会不定期组织艺术展、当地食材特卖会等

永旺梦乐城冲绳来客梦

北中城 MAP 附录 P.11 E-2

可以消遣一整天的休闲娱乐场所散发着冲绳的魅力

2015年4月北中城村开店。可以买到琉球化妆品，冲绳独有品牌的衣服，杂货等。品牌聚集，深受观光者喜爱。并且设有可以品尝到当地及世界各地的美食餐厅。

☎098-930-0425
所北中城村Awase土地区画整理事业区域内4街区
营10:00～22:00(店铺、设施有所不同)
休无休 交距离北中城IC约4km
P有(约4000个)

建筑物的屋顶使用了冲绳传统的“红瓦”样式。装饰了冲绳狮子、冲绳的树木等

拥有整个2楼，包含2200个席位的超大饮食空间

来客梦水族馆，里面约有1000多条鱼

那霸机场购买伴手礼

拥有人气店的有名商品和机场专供商品等众多具有魅力的伴手礼。
让我们从这些商品中来甄选旅行最后的伴手礼吧!

那霸机场 MAP 附录P.14 A-3

Airport Trading

共有5家店铺

各店共用电话☎098-840-1473

营6:30～20:30

南店 MAP P.166-②

北店 MAP P.166-⑪

Hibi店 MAP P.166-⑥

樱花店 MAP P.166-⑨

Gurukun店 MAP P.166-⑦

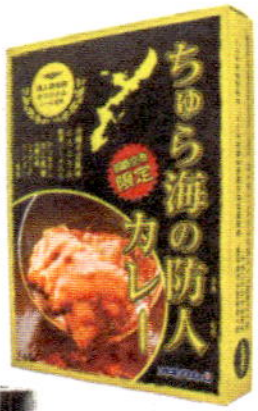

美之海的防人咖喱

海上自卫队在出海执行任务时吃的咖喱的复刻版。醇厚、甘甜的味道，是那霸机场限定的商品。500日元，全部店铺有售

泡盛 White Tiger

100%使用3年以上熟成泡盛"古酒"酿制而成。是机场限定商品。根据熟成年份的不同分为三种:3年 3240日元、7年7560日元、10年 9720日元。全部店铺有售

山原咖啡烘焙工房

在冲绳北部的濑底岛，自家烘焙的咖啡540日元。全部店铺有售

ANA FESTA

共有3家店铺

各店共用电话☎098-859-5432

营6:30～20:30

那霸大厅1号店 MAP P.166-⑩

那霸大厅2号店 MAP P.166-⑧

那霸闸口店 MAP P.166-⑫

冲绳和太阳的Regalo

用石垣岛产的凤梨做成果酱，混合牛奶一起制成的果馅，烤制而成的点心。1080日元(8个)。全部店铺有售

BULE SKY

共有4家店铺

各店营业时间 营6:30～20:30

出发大厅1号店 MAP P.166-⑤

☎098-857-6872

出发大厅2号店 MAP P.166-④

☎098-857-1600

21号闸口店 MAP P.166-③

☎098-858-0578

22号闸口店 MAP P.166-①

☎098-858-0261

紫薯糕

100%使用冲绳产紫薯制成。648日元(6个)、1080日元(10个)、1620日元(15个)。出发大厅2号店有售

紫薯鲜奶油糕

用紫薯作为基底，并且加入了卡仕达酱和鲜奶油1029日元(6个)。出发大厅2号店有售

紫薯味 Rare cake Shuri

种类不同的两种甘薯叠加在一起。907日元(5个)。贩卖店铺:出发大厅1号店21号闸口店

Roizu石垣岛黑糖巧克力

混合着冲绳产的黑糖。702日元(32枚)。全部店铺有售

注:上面介绍的店铺均在日本国内线航站楼2楼出发大厅

远离喧嚣都市，去往静谧的南部岛屿

出行路线和岛内交通

TRANSPORTATION

在冲绳，只有那霸市内有单轨电车。
与地铁、公交线路四通八达的大城市相比，冲绳的交通不算便利，为保证顺利出行，请一定提前查好交通路线。

冲绳之旅，从那霸机场开始。拥有去往日本各地的航班

前往冲绳的交通

虽说也有长途轮船，但坐飞机去冲绳是首选。全日本都可以直飞那霸机场。让我们一起了解从机场出发到市区和酒店的交通。

各地出发的航班

广岛　广岛机场
1日1班　耗时2小时
ANA 35900～38400日元

福冈　福冈机场
1日20班　耗时1小时45分
ANA 3900～33200日元
JTA 3900～33200日元
SKY 19900～24900日元
APJ 3990～27170日元

熊本　熊本机场
1日1班　耗时1小时35分
ANA 3200～32700日元

长崎　长崎机场
1日1班　耗时1小时25分
ANA 31900～33400日元

宫崎　宫崎机场
1日1班　耗时1小时35分
ANA 31700～33200日元
SNA 26000～28500日元
※与ANA代码分享

鹿儿岛　鹿儿岛机场
1日2班　耗时1小时30分
ANA 29500～31000日元
SNA 24000～26000日元
※与ANA代码分享

松山　松山机场
1日1班　耗时1小时55分
ANA 35100～37500日元

高松　高松机场
1日1班　耗时2小时5分
ANA 38900～4700日元

冈山　冈山机场
1日3班　耗时2小时5分
JTA 38400～40800日元

神户　神户机场
1日6班　耗时2小时15分
ANA 38400～40800日元
SNA 29500～32500日元
※与ANA代码分享
SKY 23900～31900日元

大阪　关西国际机场
1日12～14班　耗时2小时15分
ANA 38400～40800日元
JTA 38400～40800日元
APJ 4890日元～36870日元
JJP 4890日元～38990日元

大阪　大阪机场（伊丹）
1日6班　耗时2小时15分
ANA 38400～40800日元
JAL 38400～40800日元

札幌　新千岁机场
1日1班　耗时3小时55分
ANA 70100～73200日元

仙台　仙台机场
1日1班　耗时3小时10分
ANA 56800～59200日元

新潟　新潟机场
1日1班　耗时3小时
ANA 56100～58500日元
※季节性开通

小松　小松机场
1日1班　耗时2小时30分
JTA 45800～48100日元

东京　成田国际机场
1日6～8班　耗时3小时10分
ANA 45800～48100日元
JJP 5790～40090日元
VNL 5780～36980日元

东京　羽田机场
1日30班　耗时2小时20分
ANA 45800～48100日元
JAL 45800～48100日元
SKY 24900～34900日元

静冈　静冈机场
1日1班　耗时2小时35分
ANA 44600～47100日元

名古屋　中部国际机场
1日11～13班　耗时2小时25分
ANA 43300～45800日元
JTA 43300～45800日元
SNA 35500～38500日元
※与ANA代码分享
SKY 23900～31900日元
JJP 4990～36990日元

※为2018年4月数据。费用是单程价钱

航空公司联系方式

ANA(全日空)
☎0570-029-222
SKY(SKYMARK)
☎0570-039-283
JAL(日本航空)/JTA(Japan Transocean Air)
☎0570-025-071
APJ (Peach Aviation)
☎0570-001-292
VNL(Vanilla Air)
☎0570-6666-03
JJP (Jetstar Japan)
☎0570-550-538
SNA(Solaseed Air)
☎0570-037-283

注:Peach Aviation 和Vanilla Air计划在2019年度合并

选择主流航空公司还是廉价航空公司(LCC)?

以低廉的价格为优势的廉价航空公司,俗称LCC。价钱不及主流航空公司的一半就可以买到。至今(2018年4月)通往那霸机场的线路,有Vanilla Air、Jetstar、Peach等廉价航空公司执飞。

廉价航空公司虽然价钱很便宜,但也存在一定的缺陷。在与主流航空公司进行详尽的比较后,选择最适合自己的航空公司!

廉价航空公司(LCC)

优势:便宜

价钱便宜是廉价航空最大的魅力。价钱虽然与乘坐日期也有一定的关系,但在廉价航空公司,即使是当日购买机票,也可以用便宜的价格入手。特别在航空公司做限时优惠的活动时,非常划算。另外,在主流航空公司买单程机票会变得更贵,但在廉价航空公司的话,即使买单程机票也非常优惠。

优势:崭新的器械

廉价航空公司大多是刚刚创立不久的,因此飞机内的器械也都是非常新的。

劣势:服务不如主流航空公司

廉价航空公司的行李托运以及飞机餐都是需要额外收费的。除此之外,航班晚点及取消,没有补偿或是转为其他航空公司的服务。

劣势:机场航站楼的交通位置不够便利

以那霸机场为例,Vanilla Air,peach利用了在机场最里侧的廉航专用航站楼。出入需要通过乘坐国内线航站楼的连接巴士或者是摆渡车才能到达。

主流航空公司

优势:服务一流

机内餐食,电影动画等娱乐设施可以免费利用。对托运行李也没有很多的限制。另外,即使航班取消,也会提供改签以及住宿等服务,服务非常周到。另外,廉航大多只能通过网络预约,但主流航空公司可以通过客服中心或者电话预约。

优势:可以积累里程数

航空公司实施积分制,可以积累自己的里程数。平时的购物及机票的购买都可以积累积分,积分到达一定程度还可以换取机票。廉航并没有这项服务,如果想要积累里程数的话,推荐主流航空公司。

劣势:相较于廉航价钱偏贵

单程机票及当日购买的价钱都很贵,对于预算不多的顾客相对处于劣势。但如果提前预订,也有可能会比廉航更加便宜。

那霸机场

2014年约有1700万人利用那霸机场进入冲绳。预计2020年建成日本国内线国际线一体化的综合航站楼后将会更加便利,敬请期待。

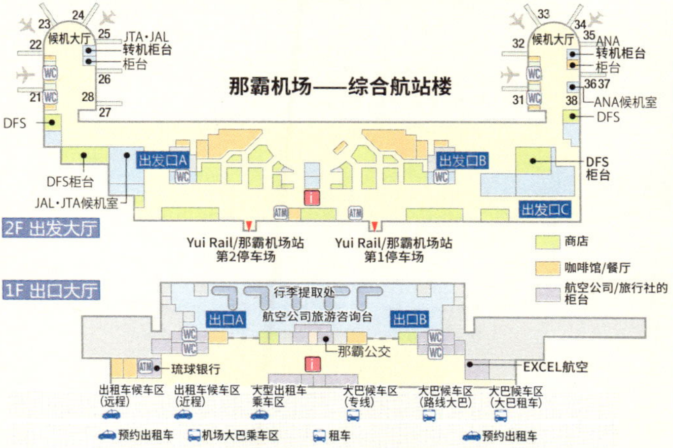

离开那霸机场的交通方式

机场大巴

连接那霸机场及假日酒店。共有5条线路,如果想要乘坐巴士,请提前查好所住酒店在哪一条线路上。在机场到达口的机场大巴柜台处买好车票,前往12号站台。非预约制,按照先后到达顺序乘车。从酒店出发的话,请在酒店内,或者售票处购买车票。

机场送迎大巴电话☎098-869-3301

机场专线出租车

可乘坐出租车从那霸机场去本岛各地的酒店。根据酒店的距离决定价钱。乘坐冲绳的个体出租车"Deigo会"的话,到读谷村6000日元,需要70分钟。到名护市要8000~11000日元,需要90~100分钟。

冲绳的个体出租车"Deigo会"
☎090-3793-8180

在冲绳岛，租赁汽车或乘坐出租车出行非常方便，也可以灵活利用巴士及单轨电车。

冲绳本岛的交通

公共的交通机构有遍布那霸市的单轨电车及巴士。外出游玩的话，租赁汽车是非常便利的。还有可以很高效地游玩各个景点的观光专用循环巴士及出租车。

冲绳都市单轨电车 Yui Rail

去那霸及首里观光可以利用便利的公共交通

冲绳都市单轨电车Yui Rail是一条连接那霸机场站到首里站全长约13km的线路。在那霸市内的活动可以利用单轨电车。去热门景点——国际大道可以在县厅前站或牧志站下车，去首里城可以在首里站下车，非常近(➡P.73)。

自由乘车票

可以不计次数乘坐的车票。1天自由乘车票800日元，2天自由乘车票1400日元。可以在无人售票机或车站窗口购买。

冲绳都市单轨电车电话☎098-859-2630

出租车

价格便宜，建议游玩时乘坐

● 推荐近距离的活动时使用

小型出租车起步价550日元，冲绳本岛的出租车比日本本土的价钱要便宜。比如从那霸机场到那霸市区或南部地区这种短距离范围的活动推荐使用出租车。价钱概况：那霸机场—国际大道1100～1500日元(大约10分钟)，那霸机场—平和祈念公园3500～4000日元(大约40分钟)。

冲绳租车、出租车协会电话☎098-855-1344

● 岛内观光也可以使用

从那霸出发到冲绳美之海水族馆等观光地的话，推荐使用时间制的观光出租车。不仅可以到酒店接送，驾驶员还会提供周边观光的向导。

冲绳个人出租车事务联合组织电话☎0120-768-555

定期观光巴士

可以高效地游玩主要景点

乘坐定期观光巴士，可以高效地环游以那霸为起点，本岛北部及南部地区的观光胜地。冲绳巴士有“美之海水族馆和今归仁城迹”(5500日元、9小时30分钟)等6个路线，那霸巴士有“首里城·战迹·冲绳环游路线”(4900日元、8小时)等4个路线。

冲绳巴士 定期观光巴士电话☎098-861-0083

那霸巴士电话☎098-868-3750

骑自行车环游那霸的街区

骑自行车环游，可以浏览到乘车或巴士容易错过的风景。你可以骑着租赁的自行车悠闲地逛着街区。在那霸市区有很多可以租赁自行车的店。另外推荐骑自行车游览的项目，有工作人员的向导，你可以骑着自行车游览那霸的街区。

自行车租赁处

NPO Simazukuri Net

☎090-8294-1852 所那霸市牧志2-11-27 票普通自行车1小时200日元、24小时1400日元、山地自行车1小时250日元、24小时1700日元、电动自行车1小时350日元、24小时1800日元

交Yui Rail美荣桥站步行5分钟 P无

自行车环游项目

和向导一起环绕那霸。壶屋·三重城路线5400日元、新都心路线5400日元、首里城路线7560日元。

耗时 **3～6小时**

冲绳轮业 前岛2号馆☎098-943-6768

南风原店☎098-888-0064

去离岛的交通

从那霸坐轮船。有桥连接的岛屿也很多。

● 去庆良间诸岛

去庆良间诸岛(➡P.52)，可以在那霸的泊港坐轮船或快艇到达。快艇的费用较高，但很快。虽然船票可以当日购买，但未免人多混乱无法乘船，推荐乘船前打电话预约(预约的船票在港口指定场所可以取票)。要注意轮船和快艇的乘坐站台不同。

去向	轮船	快艇
渡嘉敷岛	单程1660日元/往返3160日元 1小时10分钟/1日1班	单程2490日元/往返4740日元 35分钟/1日2～3班
坐间味岛 阿嘉岛	单程2120日元/ 往返4030日元 1小时30分钟～2小时 1日1～2班	单程3140日元/ 往返5970日元 50分钟～1小时10分钟 1日1～2班

渡嘉敷岛船舶课那霸联络事务所电话☎098-868-7541

坐间味村办公室那霸支店电话☎098-868-4567

注：成人收取环境保护费100日元

● 去另外的离岛

奥武岛、濑底岛、古宇利岛等和本岛之间有大桥连接。伊计岛、浜比嘉岛可以通过海中道路或者桥梁到达。

汽车租赁

可以根据自己的心情游玩岛屿的交通工具

在网上提前预约

在冲绳主要由单轨电车及线路巴士这两种公共交通工具，其实租赁汽车是非常便利的选择。不用在意时间，可以随意规划旅行路线，另外租赁的价钱也比日本本土价格要便宜。虽然各个租赁公司有不同的项目，但如果在网上进行比较后，就可以找到最适合自己的项目。

到达那霸机场后想要马上借车的话，可以预约在空港附近的分店办理。旅行当天乘坐机场的汽车租赁公司的送迎车去附近的店铺办理手续。当然，在机场外Tgyararia冲绳byDFS(➡P.165)或者岛内的其他地方都可以借车。如果没有提前预约的话，可以去机场内的汽车租赁向导处咨询。在暑假等繁忙的时节，很有可能不能够当天租到汽车，最好提前预约。

如果想要节省自己的时间，最好提前研究好汽车的租赁，通过旅行社找汽车租赁公司也是一种方法。

推荐的比较网站

冲乐 冲绳汽车租赁公司预约.jp

Tabirai冲绳 www.tabirai.net

租车

① 到达机场

从国内到达大厅出去，在道路对面就有租赁公司的送迎车。乘坐廉航到达的旅客需要坐机场内的连接巴士到国内线航站楼（在廉航航站楼也有租赁公司的送迎车）。

② 在店铺办理手续

乘坐送迎车到达机场附近的店铺，租车。需要出示驾照，填写必要的信息，并支付费用。要认真聆听汽车返还时间及场所，保险和赔偿等的说明。如果等待的人很多，可能会需要花费一些时间。

③ 乘车出发

手续结束后，可以见到租赁的汽车。和工作人员一起检查车况，工作人员会教授导航系统及ETC的操作方法。不明白的地方可以向工作人员询问。然后我们就可以驾车开始冲绳之旅了。

④ 租赁汽车的返还

在还车时，要给汽车加满油。如果有额外的费用产生，需要在这时支付。返还汽车后，和来时一样可以乘坐去机场的送迎车。注意不要错过航班的起飞时间，留出充沛的时间去返还汽车。

冲绳的主要汽车租赁公司

公司名称	预约中心电话	机场分店电话
Orix Rental Car	☎0120-30-5543	☎098-851-0543
Toyota Rental Car	☎0800-7000-111	☎098-857-0100
日本 Rental Car	☎0800-500-0919	☎098-951-0900
OTS Rental Car	☎0120-34-3732	☎098-856-8877
日产 Rental Car	☎0120-00-4123	☎098-858-2523
Times Rental Car	☎0120-00-5656	☎098-858-1536
Sky Rental Car	☎098-859-6505	☎098-858-0678
Fuji Rental Car	☎0120-439-022	☎098-858-9330
冲绳 Pacific Rental Car	☎0120-42-7577	☎098-859-7577
WBF Rental Car	☎098-857-9400	

汽车租赁的Q&A

Q. 合同中的免责赔偿金是什么？
A. 租车者在引发事故的时候，赔偿租车者所需要负担的修缮费。

Q. 可以在酒店租车，还车吗？
A. 不同租车公司规定不同，请自行确认。可能会产生额外费用。

Q. 航班取消的情况怎么办？
A. 因为天气原因航班取消的情况，大多公司不需要支付违约金，以防万一，请事前确认。

Q. 驾驶员可以换人吗？
A. 一般情况，能够说出租车人姓名，以及出示驾照的话就可以。

驾驶时的注意事项

①公共汽车道、巴士专用车道

工作日的早晚，交通量较大的国际大道及国道58号实施的交通限制。对象车道为巴士或出租车专用，一般车辆禁止通行。道路标志有表示，请确认。

②国际大道的禁止通行

每周日的12～18点，国际大道县厅北口的十字路口到蔡温桥十字路口的区间变成步行街。在这期间，一般车辆禁止通行。有时下雨天会解禁。

③中央线会移动

那霸的县道29号等，车线少且混乱的道路，时间段的不同，中央线的位置会改变。上方的记号和专用信号灯会提示。

④冲绳的道路很滑

一般的柏油路是有珊瑚礁的琉球石灰岩所制成。因此路面遇水会变得很滑，下雨天要注意减速，拉大车间距行驶。

路线大巴

交通线覆盖冲绳本岛全部区域

● 那霸市内线为均一价格

那霸市内的1~20路车均为“市内线”，除个别线路外，其他所有线路均为230日元。号码超过20的“市外线”，在那霸市内运行路段仍未均一价格。公交车费需要在上车时支付（部分线路除外）。

自由乘车券

自由乘车券“bus mono bus”1000日元1张，可在1天内自由乘坐那霸市内线以及单轨电车Yui Rail。那霸公交的机场营业所以及其他各营业所，Yui Rail的各个车站购买。

● 连接那霸和各地区以及各地区间的市外线

号码在20以上的线路为“市外线”，乘坐这些公交线路可以从那霸机场和那霸公交总站通往冲绳岛各地。乘车费用根据乘车区间的距离而有所不同。前门是上下车共用的，请等所有乘客下车后再有序乘车。乘车时请领取整理券，下车时请确认车内前方的计费显示屏，按照自己的整理券的号码支付相应车费。计费以及乘车方法，部分公交线路有所不同，敬请注意。

从那霸公交总站到名护公交总站可乘坐111路车，车程大约1小时40分钟，车费2100日元。到和平祈念堂入口公交站，可乘坐琉球公交·冲绳公交89路和琉球公交82路，车程大约1小时20分钟，车费1050日元。

那霸市内的主要路线大巴和单轨电车

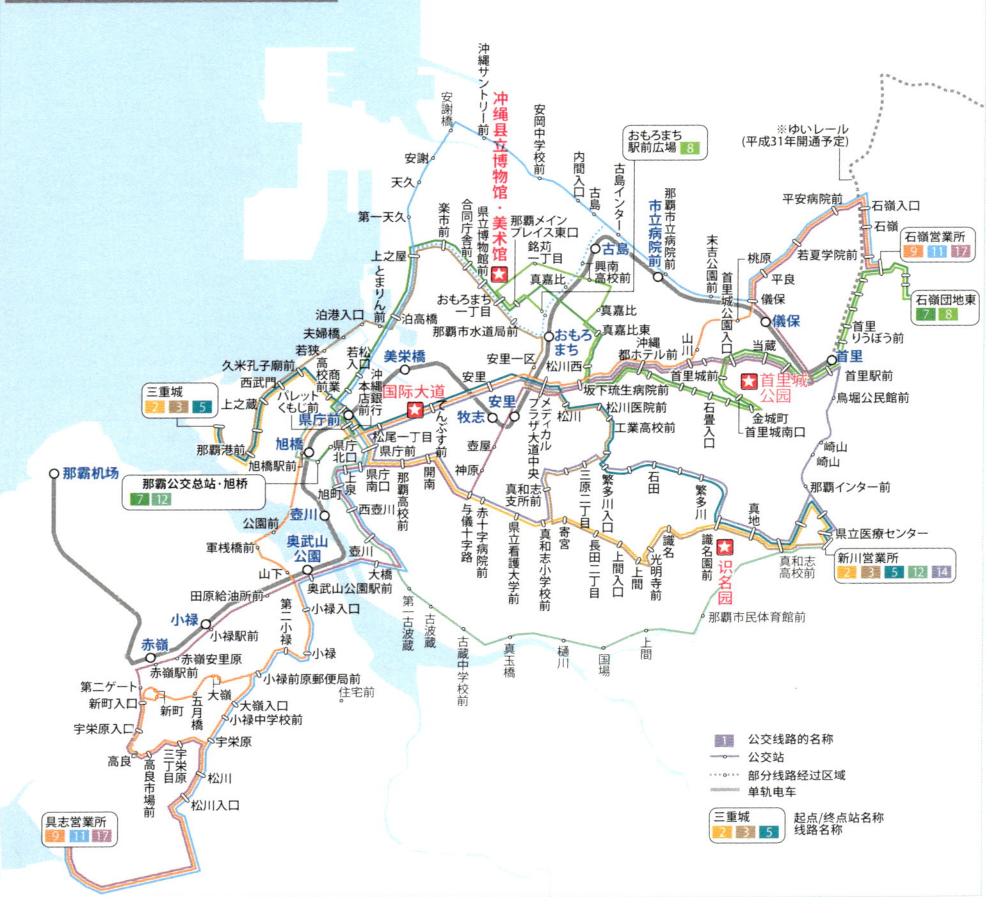

冲绳本岛的主要巴士路线

咨询处

冲绳公共汽车	（本社）	098-862-6737
	（那霸营业所）	098-861-0385
琉球公共汽车	（本社）	098-852-2510
那霸公共汽车	（那霸）	098-867-6083
东阳公共汽车	（本社）	098-947-1040
	（那霸营业所）	098-867-2313

系统	起点	终点
20	那霸BT	名护BT
22	中部病院	名护BT
28	那霸BT	读谷 BT
29	那霸BT	读谷 BT
30	那霸BT	泡濑营业所
36	系满BT	亲庆原出张所
38	那霸BT	志喜屋
39	上泉	新原海滩
48	读谷BT	东山入口
52	那霸BT	屋庆名BT
53	那霸BT	百名 BT
54	上泉	玉泉洞前
61	真志喜停车场	屋庆名BT
62	读谷 BT	砂边
65	名护BT	名护 BT（右转）
66	名护BT	名护 BT（左转）
67	名护BT	边土名 BT
70	名护BT	新里入口
72	名护BT	运天原
73	名护BT	高江
76	名护BT	濑底
77	那霸BT	名护BT
78	名护BT	东村役场前
81	系满BT	玉泉洞前
82	系满BT	玉泉洞前
88	服务区丰崎	宜野湾营业所
89	那霸BT	系满 BT
90	那霸BT	具志川 BT
98	服务区丰崎	琉大停车场
111	那霸机场	名护BT
112	上泉	具志川BT
120	那霸机场	名护BT
127	那霸 BT	屋庆名 BT

图书在版编目（CIP）数据

日本深度游．冲绳 / 日本 TAC 出版编辑部编；费晓东译．—北京：东方出版社，2020.2
ISBN 978-7-5207-1273-6

Ⅰ．①日…　Ⅱ．①日…　②费…　Ⅲ．①旅游指南—冲绳　Ⅳ．① K931.39

中国版本图书馆 CIP 数据核字（2019）第 262847 号

日本深度游　冲绳
（RIBEN SHENDU YOU CHONGSHENG）

编　　者：［日］TAC 出版编辑部
译　　者：费晓东
责任编辑：刘　峥
出　　版：东方出版社
发　　行：人民东方出版传媒有限公司
地　　址：北京市朝阳区西坝河北里 51 号
邮政编码：100028
印　　刷：北京汇瑞嘉合文化发展有限公司
版　　次：2020 年 2 月第 1 版
印　　次：2020 年 2 月第 1 次印刷
开　　本：889 毫米 ×645 毫米　1/16
印　　张：11
字　　数：150 千字
书　　号：ISBN 978-7-5207-1273-6
定　　价：46.00 元
发行电话：（010）85924663　85924644　85924641